Tastaturschulung Textverarbeitung

Texteingabe
Textbearbeitung
Textgestaltung

Nach der neuesten DIN 5008
und der aktuellen Rechtschreibung

von
Handelsschulrat
Gerhard Nickolaus
staatlich geprüfter Lehrer für Maschinenschreiben

Ulrike Huck
staatlich geprüfte Lehrerin für Maschinenschreiben

unter Mitarbeit von
Sascha Huck
Bachelor of Science

EDITION MENDE

Verlag Europa-Lehrmittel · Nourney, Vollmer GmbH & Co. KG
Düsselberger Straße 23 · 42781 Haan-Gruiten

Europa-Nr.: 81778 (mit seitlicher Spiralbindung)

Textverarbeitung an Textsystemen/Computern

Als Textsystem bezeichnet man ein Schreibsystem, wenn es die Ein- und Ausgabe von Text für die Textverarbeitung ermöglicht.

Alle Textsysteme arbeiten nach dem Prinzip: Eingabe – Verarbeitung – Ausgabe

Die Eingabe von Texten (Daten) erfolgt über die Tastatur. Die Daten gelangen in den Arbeitsspeicher und sind auf dem Bildschirm zu sehen. Bereits gespeicherte Daten können auch von der CD, der Festplatte oder dem USB-Stick direkt in den Bildschirm eingelesen werden.

Die Verarbeitung der Daten besorgt die Zentraleinheit, der eigentliche Rechner (Prozessor). In der Zentraleinheit werden die Daten zwischengespeichert, verarbeitet und weitergeleitet, z.B. an den Bildschirm oder den Drucker.

Die Ausgabe der Daten erfolgt auf dem Bildschirm oder dauerhaft auf Einzelblätter oder Endlospapier mittels Drucker. Die Daten können aber auch auf einer Diskette, einer CD oder Festplatte gespeichert und so immer wieder geladen, bearbeitet und/oder ausgedruckt werden.

Als Hardware bezeichnet man alle physischen Bestandteile eines Computers wie nachstehend beschrieben:

Der Bildschirm zeigt die eingegebenen Daten an. Das Fassungsvermögen reicht von 20 Zeilen bis zu einer Seite A4 mit 80 Zeichen je Zeile. Es gibt Monochrom- (einfarbige) und Farbbildschirme.

Die Zentraleinheit mit Ein- und Ausgabesteuerung, Rechenwerk und Arbeitsspeicher verarbeitet, kontrolliert und steuert die Daten.

Das CD-/DVD-Laufwerk und die Festplatte sind meistens räumlich mit der Zentraleinheit in einem Gehäuse. CDs und Festplatten sind Daten- oder Textträger zur Aufnahme von Informationen. Die Festplatte hat eine größere Zugriffsgeschwindigkeit und eine höhere Speicherkapazität als eine CD.

Die Tastatur ist mit ihren Schreibtasten nach DIN 2137 genormt. Sie ist durch Cursor-Steuertasten, Funktions- und Befehlstasten und einen Ziffernblock erweitert.

Die Maus erleichtert die Arbeit am Bildschirm durch einfaches Anklicken von Befehlssymbolen. Die oft umständlichere Befehlseingabe über die Tastatur wird durch den Einsatz der Maus vereinfacht.

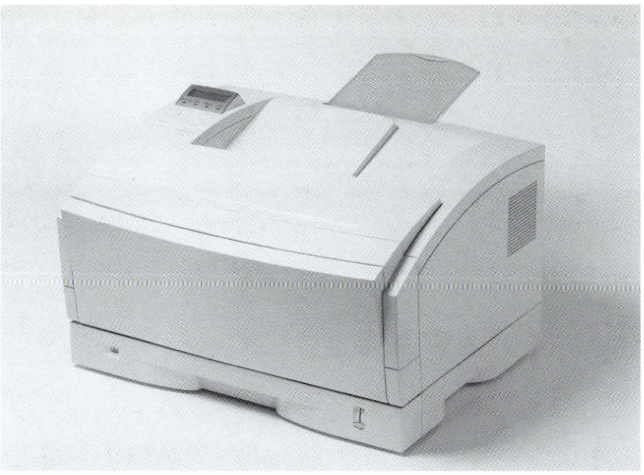

Der Drucker dient zur Ausgabe der eingegebenen Daten auf Papier. Es gibt verschiedene Arten von Druckern, die sich hinsichtlich des Druckverfahrens, der Druckqualität, der Druckgeschwindigkeit und des Druckgeräusches unterscheiden.

Externe Speicher. Da die Speicherkapazität im Hauptspeicher der Zentraleinheit oft nicht ausreicht, sind externe Speicher als Datenträger erforderlich. Als Datenträger werden Festplatten, die Compact Disc (CD-ROM), die DVD und USB-Sticks verwendet. Disketten werden nur noch selten verwendet.

Die Festplatte hat eine hohe Speicherkapazität und eine schnelle Arbeitsgeschwindigkeit, sie muss nicht ausgewechselt werden.

Die Compact Disc (CD-ROM) und die DVD (Digital Versatile Disc) sind Datenträger mit großer Speicherkapazität und schneller Verarbeitungsgeschwindigkeit.

Der USB-Stick ist ein Speicher, der in die Schnittstelle des Computers eingeführt wird.

Laptop/Notebook – Ein Laptop ist ein kleiner Computer, den du überallhin mitnehmen kannst. Laptops werden oft auch als Notebooks bezeichnet. Sie können über eine Steckdose oder mit einem Akku betrieben werden.

Beim Laptop ist die Maus durch ein Touchpad ersetzt. Wenn du einen Finger auf das Touchpad legst und ihn bewegst, bewegt sich auch der Mauszeiger auf dem Bildschirm.

Als Software werden alle Programme bezeichnet. Dabei ist zwischen Systemprogrammen (Betriebssystem) und Anwenderprogrammen (z. B. Textverarbeitung) zu unterscheiden. Für die Textverarbeitung mit dem Computer müssen ein Betriebssystem und ein Textverarbeitungsprogramm vorhanden sein. Die Windows-Programme sind die bekanntesten Betriebssysteme. Textverarbeitungsprogramme gibt es eine Reihe; davon ist WORD sehr verbreitet.

Starten des Programms

Schalte den Computer an. Klicke kurz auf das Symbol Start und wähle anschließend das Programm Word. Das Programm wird geladen, der leere Bildschirm erscheint. Du kannst mit der Eingabe des Textes beginnen.

Der Bildschirmaufbau

Word 2000/2002

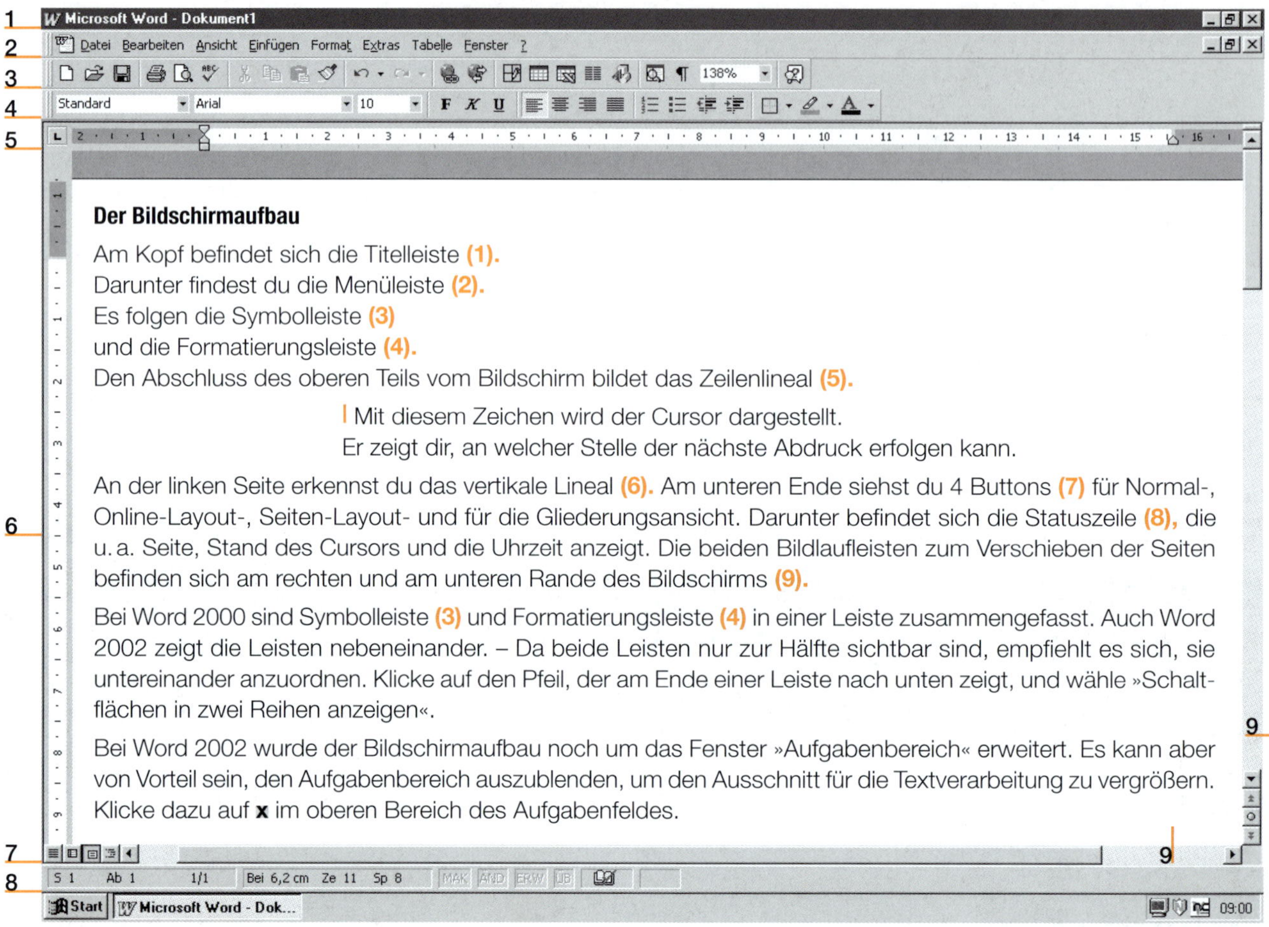

Der Bildschirmaufbau

Am Kopf befindet sich die Titelleiste (1).
Darunter findest du die Menüleiste (2).
Es folgen die Symbolleiste (3)
und die Formatierungsleiste (4).
Den Abschluss des oberen Teils vom Bildschirm bildet das Zeilenlineal (5).

| Mit diesem Zeichen wird der Cursor dargestellt.
Er zeigt dir, an welcher Stelle der nächste Abdruck erfolgen kann.

An der linken Seite erkennst du das vertikale Lineal (6). Am unteren Ende siehst du 4 Buttons (7) für Normal-, Online-Layout-, Seiten-Layout- und für die Gliederungsansicht. Darunter befindet sich die Statuszeile (8), die u. a. Seite, Stand des Cursors und die Uhrzeit anzeigt. Die beiden Bildlaufleisten zum Verschieben der Seiten befinden sich am rechten und am unteren Rande des Bildschirms (9).

Bei Word 2000 sind Symbolleiste (3) und Formatierungsleiste (4) in einer Leiste zusammengefasst. Auch Word 2002 zeigt die Leisten nebeneinander. – Da beide Leisten nur zur Hälfte sichtbar sind, empfiehlt es sich, sie untereinander anzuordnen. Klicke auf den Pfeil, der am Ende einer Leiste nach unten zeigt, und wähle »Schaltflächen in zwei Reihen anzeigen«.

Bei Word 2002 wurde der Bildschirmaufbau noch um das Fenster »Aufgabenbereich« erweitert. Es kann aber von Vorteil sein, den Aufgabenbereich auszublenden, um den Ausschnitt für die Textverarbeitung zu vergrößern. Klicke dazu auf **x** im oberen Bereich des Aufgabenfeldes.

Word 2007/2010

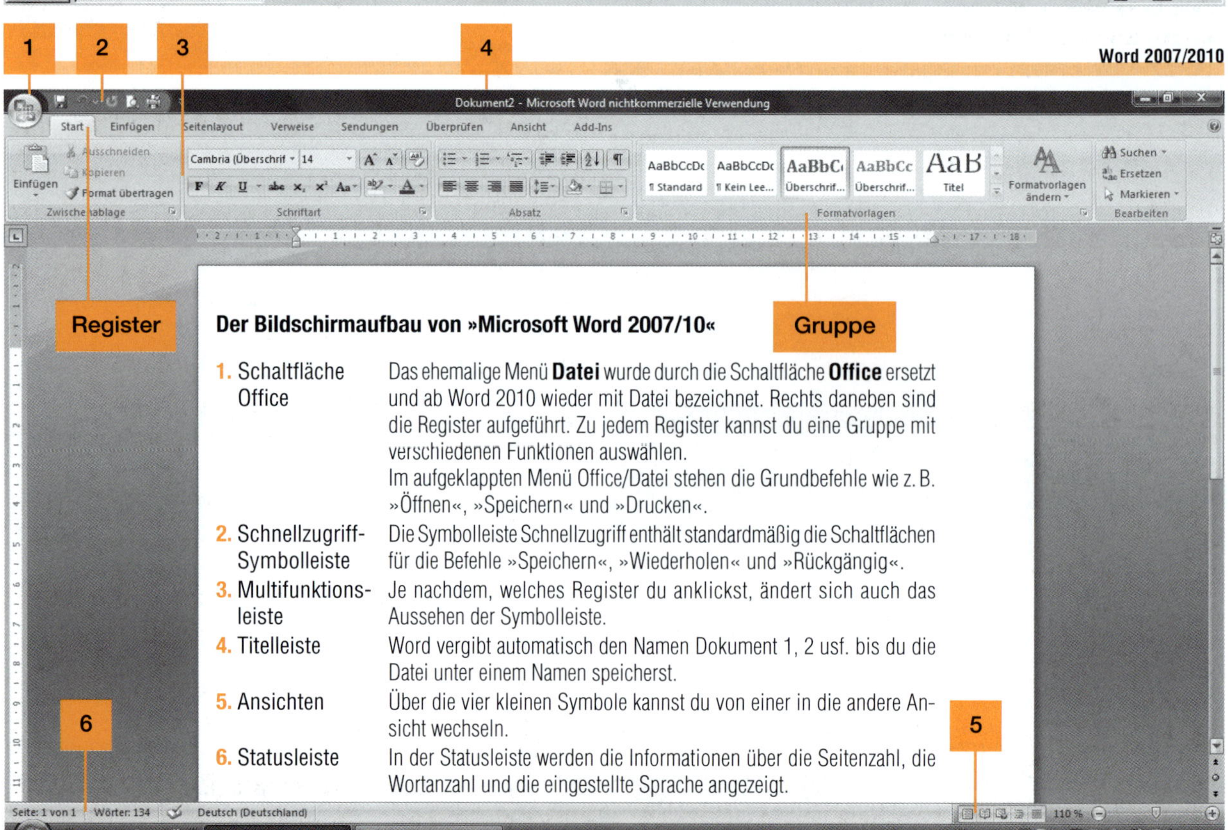

Der Bildschirmaufbau von »Microsoft Word 2007/10«

1. Schaltfläche Office	Das ehemalige Menü **Datei** wurde durch die Schaltfläche **Office** ersetzt und ab Word 2010 wieder mit Datei bezeichnet. Rechts daneben sind die Register aufgeführt. Zu jedem Register kannst du eine Gruppe mit verschiedenen Funktionen auswählen. Im aufgeklappten Menü Office/Datei stehen die Grundbefehle wie z. B. »Öffnen«, »Speichern« und »Drucken«.
2. Schnellzugriff-Symbolleiste	Die Symbolleiste Schnellzugriff enthält standardmäßig die Schaltflächen für die Befehle »Speichern«, »Wiederholen« und »Rückgängig«.
3. Multifunktions-leiste	Je nachdem, welches Register du anklickst, ändert sich auch das Aussehen der Symbolleiste.
4. Titelleiste	Word vergibt automatisch den Namen Dokument 1, 2 usf. bis du die Datei unter einem Namen speicherst.
5. Ansichten	Über die vier kleinen Symbole kannst du von einer in die andere Ansicht wechseln.
6. Statusleiste	In der Statusleiste werden die Informationen über die Seitenzahl, die Wortanzahl und die eingestellte Sprache angezeigt.

Arbeitsplatz – Körperhaltung – Tastatur – Voreinstellungen

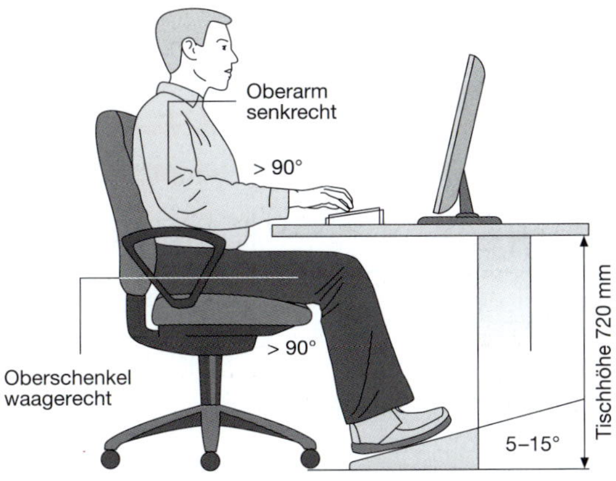

Beispiel eines ergonomisch gestalteten Bildschirm-Arbeitsplatzes mit einem nicht höhenverstellbaren Tisch bei Anordnung der Arbeitsmittel hintereinander.

Der Bildschirmarbeitsplatz

Nach arbeitsmedizinischen Erkenntnissen hat ein 72 cm hoher Bildschirmarbeitstisch in Verbindung mit einer 3 cm hohen Tastatur die optimale Arbeitshöhe.

Ein in der Höhe und in der Rückenlehne verstellbarer Stuhl mit abgerundeter Sitzfläche ermöglicht entspanntes Sitzen.

Der Bildschirm sollte einen Abstand von ca. 50 cm vom Auge haben. Eine ausreichende Beleuchtung darf nicht blenden.

Die Körperhaltung

Sitze entspannt, Oberkörper aufrecht, Rücken angelehnt, Oberarme locker am Körper. Die Unterarme bilden mit dem Handrücken eine waagerechte Linie. Die Finger sind leicht gekrümmt und berühren die Tasten der Grundstellung. Die Füße stehen fest auf dem Boden oder auf einer Fußstütze. Der Blick ist auf die Vorlage zu richten.

Die Tastatur

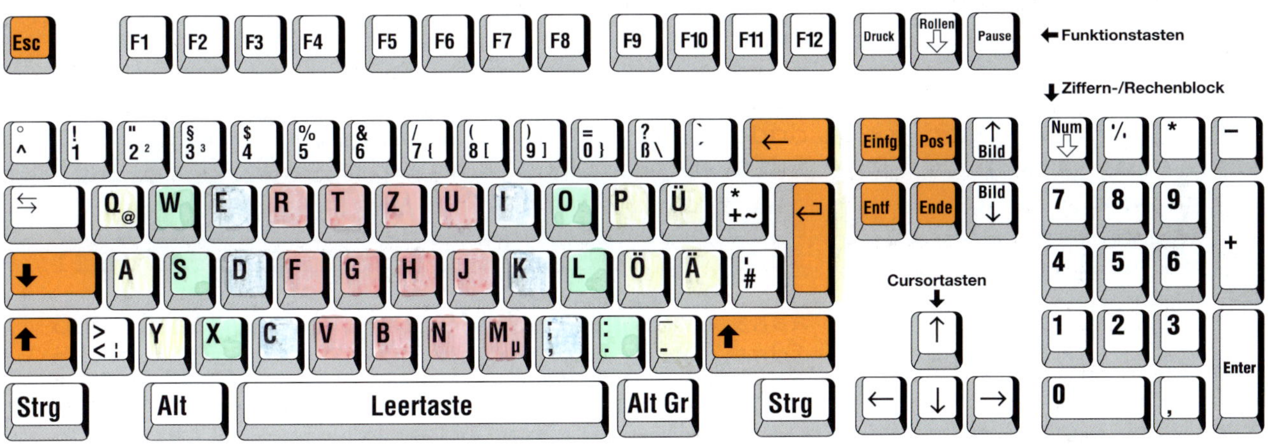

Voreinstellungen

Zum Einstellen der Seitenränder klickst du das Menü **Datei – Seite einrichten** an. Gebe für den linken Rand 2,4 und für den rechten Rand 3,0 cm ein. Wenn danach das Feld »Standard« mit der linken Maustaste einmal angeklickt wird, übernimmt Word diese Randeinstellung als Standardeinstellung für alle weiteren Seiten.

Wenn du die Schriftart »Courier« und den Schriftgrad 12 wählst, stimmen die Zeilen mit denen des Lehrbuches überein.

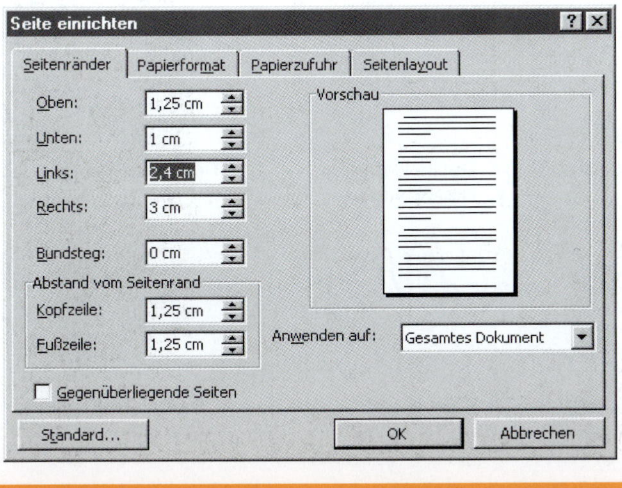
Seite einrichten

Seitenränder | Papierformat | Papierzufuhr | Seitenlayout

Oben: 1,25 cm
Unten: 1 cm
Links: 2,4 cm
Rechts: 3 cm
Bundsteg: 0 cm

Vorschau

Abstand vom Seitenrand
Kopfzeile: 1,25 cm
Fußzeile: 1,25 cm

Anwenden auf: Gesamtes Dokument

Gegenüberliegende Seiten

Standard... | OK | Abbrechen

Die Bezeichnung der wichtigsten Sondertasten

Die Eingabe (Return- bzw. Entertaste)
Sie bringt den Cursor an den Zeilenanfang. Sie dient auch für Zeilenschaltungen.

Die Umschalttasten (Shift-Tasten)
Sie dienen zum Schreiben von Großbuchstaben und Zeichen.

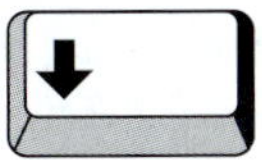

Die Dauerumschalttaste (Caps Lock)
Sie dient der Dauergroßschreibung.

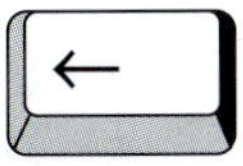

Die Rücktaste/Korrekturtaste (Backspace-Taste)
Mit ihr wird ein Zeichen links vom Cursor gelöscht.

Die Entferntaste (Delete-Taste)
Mit ihr wird ein Zeichen rechts vom Cursor gelöscht.

Die Einfügetaste (Insert-/Ins-Taste)
Mit ihr können Zeichen an der Cursorposition eingefügt werden.

Die Position 1-/Pos 1-Taste (Home-Taste)
Mit ihr kommt der Cursor an den Anfang einer Zeile.

Die Ende-Taste (End-Taste)
Mit ihr kommt der Cursor an das Ende der Zeile.

Die Abbruchtaste (Esc-Taste)
Sie dient zum Abbruch von Befehlen oder Programmen.

1. Übung a s d f und j k l ö

Die Grundstellung ist die Ausgangsstellung für das Tastschreiben. Taste über die Leertaste in die untere und von dort in die mittlere Buchstabentastenreihe. Der linke kleine Finger sucht die äußerste Buchstabentaste mit dem A auf. Die folgenden Finger berühren S, D und F. Der rechte Zeigefinger sucht die 3.Taste nach rechts, das J, auf. Die folgenden Finger berühren K, L und Ö. Suche die Grundstellung auf, ohne auf die Tasten zu sehen!

linke Hand

kleiner Finger auf **A**
Ringfinger auf **S**
Mittelfinger auf **D**
Zeigefinger auf **F**
Daumen über der **Leertaste**

rechte Hand

Zeigefinger auf **J**
Mittelfinger auf **K**
Ringfinger auf **L**
kleiner Finger auf **Ö**
Daumen über der **Leertaste**

Einführung

Die Finger berühren die Tasten nur leicht! Sprich vor jedem Anschlag ein »und«, dann hast du das richtige Tempo: und f und f und f und f und leer (Leertaste mit einem der Daumen anschlagen!) und j und j und j und j und leer.

1 ffff jjjj ffff jjjj ffff jjjj ffff jjjj ffff jjjj ffff jjjj
2 fjfj fjfj fjfj fjfj fjfj fjfj fjfj fjfj fjfj fjfj fjfj fjfj

3 dddd kkkk dddd kkkk dddd kkkk dddd kkkk dddd kkkk dddd kkkk
4 fdfd jkjk fdfd jkjk fdfd jkjk fdfd jkjk fdfd jkjk fdfd jkjk

5 ssss llll ssss llll ssss llll ssss llll ssss llll ssss llll
6 fdss jkll fdss jkll fdss jkll fdss jkll fdss jkll fdss jkll

7 aaaa öööö aaaa öööö aaaa öööö aaaa öööö aaaa öööö aaaa öööö
8 fdsa jklö fdsa jklö fdsa jklö fdsa jklö fdsa jklö fdsa jklö

Anwendung

Du darfst nur langsam und unbedingt im Takt schreiben. Wenn du Fehler machst, dann schreibst du zu schnell.

9 all all all das das das all all all das das das all all all
10 all das all das all das all das all das all das all das all

11 als als als lös lös lös als als als lös lös lös als als als
12 als das lös das als das lös das als das lös das als das lös

13 lad lad lad fad fad fad lad lad lad fad fad fad lad lad lad
14 lad das fad das lad das lös das als das lös das als das lös

15 all das als das lös das lad das fad das ja das öl das öl da
16 las das lös das lad das fad das all das öl das ja das öd da

Gymnastische Übungen

zur Lockerung der Glieder und zur Kräftigung der Muskeln. Entspanne dich oft!

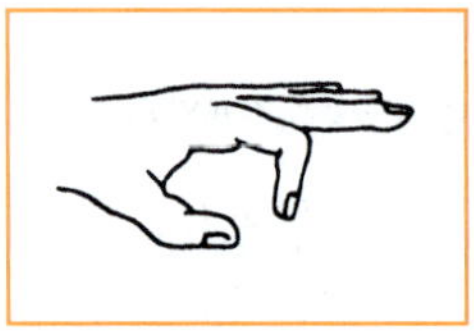
1. Finger beugen und strecken.

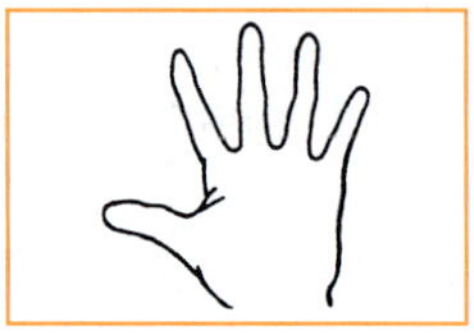
2. Finger spreizen.

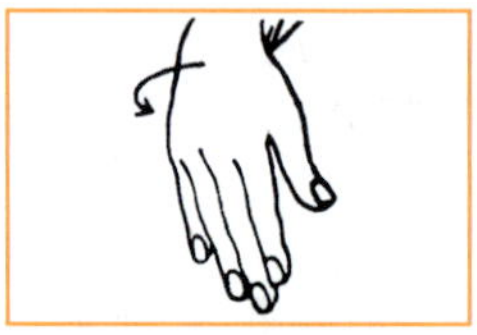
3. Hand im Gelenk kreisen.

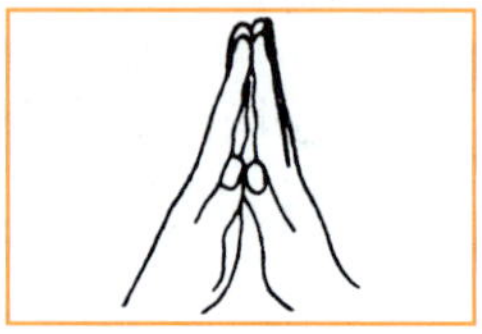
4. Fingerspitzen gegeneinander drücken.

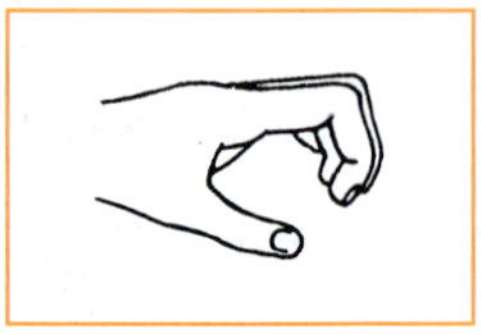
5. Finger fest einkrallen.

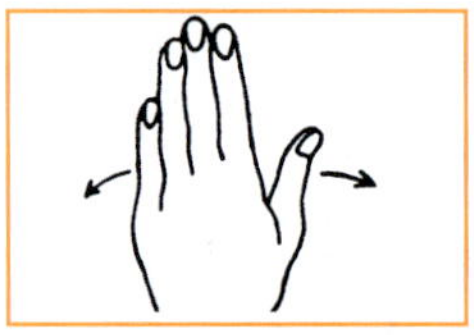
6. Hand im Gelenk drehen.

7. Finger einzeln auf den Tisch hämmern.

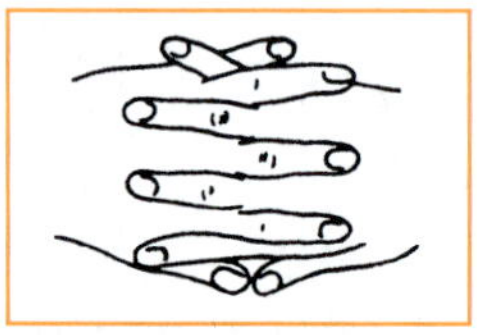
8. Hände falten, Handrücken zum Körper und die Arme ausstrecken.

9. Hände reiben.

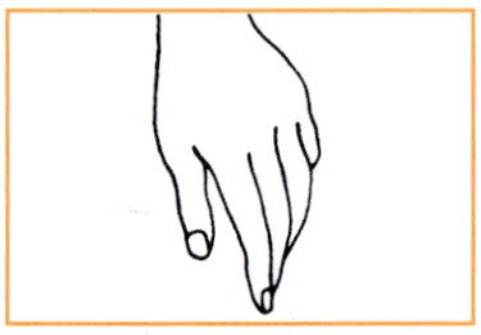
10. Oberkörper entspannen, Hände locker ausschüttlen.

Die Grundstellung – die Schreibstelle – der Cursor

Häufigkeitswörter
Die 66 häufigsten Wörter machen 50 % aller Wörter eines Textes aus. Deshalb solltest du die Häufigkeitswörter oft und besonders gründlich üben.

27 da das ja als all falls da das ja als all falls all als das
28 da das ja als all falls da das ja als all falls all als das

Der Cursor, eine Lichtmarke, zeigt die Schreibstelle auf dem Bildschirm. An ihr kann der nächste Abdruck erfolgen. In der Abbildung links befindet sich der Cursor als orangefarbene Markierung hinter dem letzten Wort. Die genaue Position (Seite 1, Zeile 3, Spalte 19) wird am Fuß des Bildschirms angezeigt.

Cursorsprünge werden wie folgt ausgeführt:

Pos 1 = Cursor zum Zeilenanfang
Ende = Cursor zum Zeilenende
Strg + Pos 1 = Cursor zum Textanfang
Strg + Ende = Cursor zum Textende

Der Cursor wird durch die Pfeiltasten oder mit der Maus bewegt.

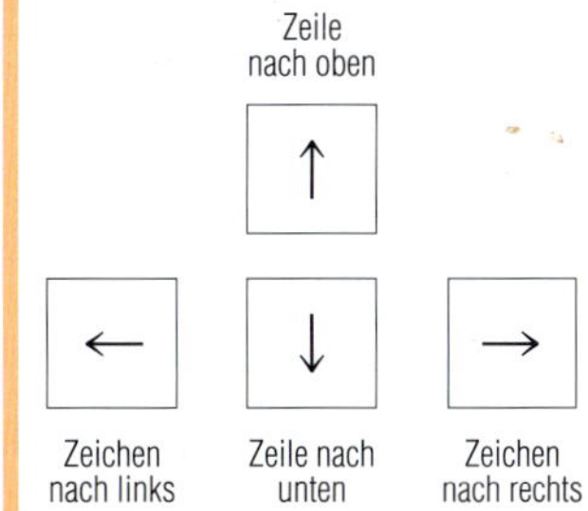

Geläufigkeitsübung
Übe jede Zeile der Geläufigkeitsübungen so oft, bis du diese bei gleichmäßigem Anschlag flüssig schreiben kannst.

29 fdsa jklö fdsa jklö fdsa jklö fdsa jklö fdsa jklö fdsa jklö
30 asdf ölkj asdf ölkj asdf ölkj asdf ölkj asdf ölkj asdf ölkj

31 asdf jklö asdf jklö asdf jklö asdf jklö asdf jklö asdf jklö
32 ölkj fdsa ölkj fdsa ölkj fdsa ölkj fdsa ölkj fdsa ölkj fdsa

33 fsfs jljl fsfs jljl fsfs jljl fsfs jljl fsfs jljl fsfs jljl
34 dada kökö dada kökö dada kökö dada kökö dada kökö dada kökö

35 kla alk fla alf klö ölk flö ölf kas sak lak kal fal laf jaf
36 faj lös söl sal las kal lak jak kaj kaf fak fad daf jal laj

Reinschrift
Schreibe fehlerfreie Zeilen. Wenn du einen Fehler machst, schreibe die Zeile zu Ende und beginne die Zeile von vorn.

37 ja ja das all ja ja das all ja ja das all ja ja das all als
38 ja ja das all ja ja das all ja ja das all ja ja das all als

39 falls falls falls das das das falls das falls das falls das
40 falls falls falls das das das falls das falls das falls das

41 lös lös all all das das lös all das lös all das lös all das
42 lös lös all all das das lös all das lös all das lös all das

43 öd lös da öd lös das ja falls das all las das lös ja das da
44 öd lös da öd lös das ja falls das all las das lös ja das da

Speichern: Um auf einen erfassten Text zurückgreifen zu können, speichert man ihn unter einem Dateinamen. Im Menü **Datei – Speichern unter** gibt man einen Namen, z. B. **asdfjklö**, ein und klickt »Speichern« an.

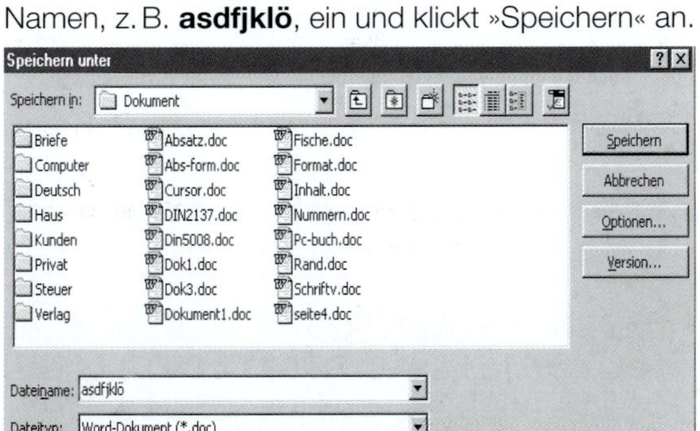

Drucken: Du kannst den Inhalt des Arbeitsspeichers drucken. Klicke auf: 
Alternativ: **Datei – Drucken.** Anzahl und evtl. Auswahl der Seiten eingeben; mit OK bestätigen.

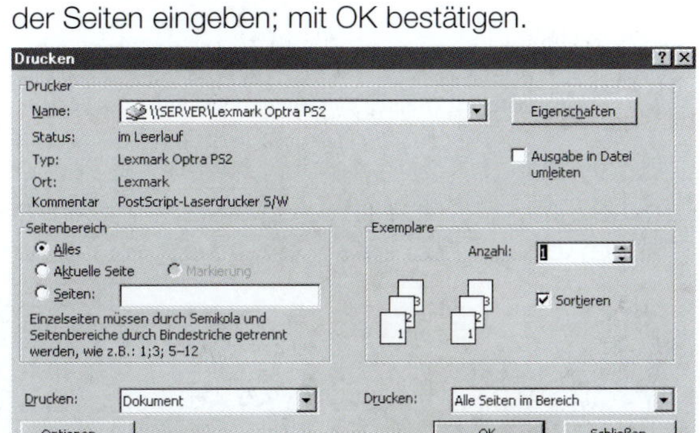

Beenden der Arbeit: Wähle im Menü **Datei** den Befehl **Beenden.** Es wird abgefragt: »Möchten Sie die Änderungen speichern, ja/nein?« Speichere erforderlichenfalls und klicke anschließend »Start« an. Wähle »Beenden«. Bestätige »Windows herunterfahren« mit OK und schalte nach Aufforderung den PC aus.

2. Übung e und i ,

<<< Wiederholung

1 fdsa jklö fdsa jklö asdf ölkj asdf ölkj fsfs jljl dada kökö
2 all als las lös lad fad fall falls ja da das öd öl ja falls

Einführung

Von den Zeilen 3 bis 8 schreibst du zunächst bis zur Trennungslinie. Der Text geht dann zweimal in eine Zeile. Dann erst schreibst du die rechten Texte. Als Hausaufgabe schreibst du die Texte so, als wäre die Trennungslinie nicht vorhanden.

Mittelfinger links vom **d** zum **e** und zurück = **ded**	Mittelfinger rechts vom **k** zum **i** und zurück = **kik**
3 ddd ded ded ded ede ede ede e	kkk kik kik kik iki iki iki i
4 deda deds dedf deda deds dedf	kikö kikl kikj kikö kikl kikj
5 d des sel del lek kel eke led	k kil kis kid kif sil lil ill
6 e sek les els elf kle fle ses	i die sie sei eil lie lei fie
7 je je jed jed jede jede jedes	di di die die dies dies diese
8 ed ed ede ede edel edel edles	li li lie lie lief lief liefe

Anwendung

9 ade ade ade öde öde öde die die die sie sie sie sei sei sei
10 ade ade öde öde die die sie sie sei sei ade ade öde öde die
11 ade öde die sie sei ade öde die sie sei ade öde die sie sei

12 edel edel edel lief lief lief fade fade fade fiel fiel fiel
13 edel edel lief lief fade fade fiel fiel edel edel lief lief
14 edel lief fade fiel edel lief fade fiel edel lief fade fiel

15 edles edles edles leise leise leise fasse fasse fasse diese
16 edles edles leise leise fasse fasse diese diese edles edles
17 edles leise fasse diese edles leise fasse diese edles leise

18 diese diese diese alles alles alles feile feile feile fiele
19 diese diese alles alles feile feile fiele fiele diese diese
20 diese alles feile fiele diese alles feile fiele diese alles

Reinschrift A

Schreibe von jeder Zeile einen Block mit drei fehlerfreien Zeilen! Wenn du einen Fehler machst, schreibst du die Zeile zu Ende, schaltest zweimal und beginnst den Block von vorn!

21 die dies diese dieses dieses diese dies die dies diese dies
22 die dies diese dieses dieses diese dies die dies diese dies
23 die dies diese dieses dieses diese dies die dies diese dies

24 lies lies lies leis leis leis feile feile feile fiele fiele
25 lies lies leis leis lies leis feile feile fiele fiele feile
26 lies leis lies leis lies leis feile fiele feile fiele feile

27 öde öle die sie sei edel lief fade fiel edles leise ade öde
28 edles leise fasse lasse alles edel lief fade esse fiel dies
29 diese alles feile fiele diese alles feile fiele diese alles

Die Steuerzeichen

Häufigkeitswörter

Die 66 häufigsten Wörter machen 50 % aller Wörter eines Textes aus. Deshalb solltest du die Häufigkeitswörter oft und besonders gründlich üben.

30 da das ja als all falls da das ja als all falls all als das
31 es des je alle alles die sie sei dies diese dieses es alles

Die Steuerzeichen

Durch die Steuerzeichen, die du ein- oder ausblenden kannst, wird dir die Orientierung im Dokument erleichtert. Durch Druck auf die Eingabetaste (Return- bzw. Entertaste) wird die Absatzmarke ¶ dargestellt. Leerzeichen werden durch einen Punkt · gekennzeichnet. So bekommst du einen besseren Überblick.
Der nichtbeschreibbare Seitenrand wird dir durch eine gestrichelte Linie angezeigt. Wähle im Menü **Extras** den Befehl **Optionen** und aktiviere bei **Textbegrenzungen** die Anzeige durch ein Häkchen und bestätige mit OK.
Das Lineal kannst du ein- oder ausblenden. Im Menü **Ansicht** aktivierst du es durch ein Häkchen vor **Lineal.**

Neuer Absatz	= ¶
Leerzeichen	= ·
Textbegrenzung	= ¦
Lineal	= · | · 1 · | ·

Einführung des Kommas

Mittelfinger rechts vom **k** zum **,** und zurück = **k,k** **Regel:** Das Komma folgt dem Wort ohne Leerschritt.

32 kikö k,kö kikö k,kö kikö k,kö kikö k,kö kikö k,kö kikö k,kö
33 k,kö k,kl k,kj k,kf k,kd k,ks k,ka a,kö s,kö d,kö f,kö k,kö

34 sei edel, sei edel, sei edel, sei edel, sei edel, sei edel,
35 sie lief, sie lief, sie lief, sie lief, sie lief, sie lief,

36 sei leis, sei leis, sei leis, sei leis, sei leis, sei leis,
37 sie eile, sie eile, sie eile, sie eile, sie eile, sie eile,

Anwendung

38 lies leise, lies leise, lies leise, lies leise, lies leise,
39 **Beginne eingerückt!** dies alles, dies alles, dies alles, dies alles,
40 dies alles, lies leise, dies alles, lies leise,

41 lies dies alles leis, dies alles lies leis, lies dies leis,
42 lies dies alles leis, dies alles lies leis, lies dies leis,
43 lies dies alles leis, dies alles lies leis, lies dies leis,

44 es sei, es sei ideal, es sei alles ideal, löse alles ideal,
45 es sei ideal, es sei alles ideal, löse alles ideal,
46 es sei alles ideal, löse alles ideal,

47 öle dies, fasse dies, löse alles, sie eile, das lief ideal,
48 öle dies, fasse dies, löse alles, sie eile, das lief ideal,
49 öle dies, fasse dies, löse alles, sie eile, das lief ideal,

Reinschrift B

Schreibe von jeder Zeile einen Block mit drei fehlerfreien Zeilen. Beim ersten Fehler schreibst du die Zeile zu Ende, schaltest zweimal und beginnst von vorn. Als Hausaufgabe wird mit dem Lehrer vereinbart, wie viel fehlerfreie Blöcke zu schreiben sind.

50 löse es, löse alles, löse dies, löse dieses, löse es ideal,
51 lies, lies es, lies es leis, lies es leise, lies leise, es,
52 ja, fasse es, lasse es, fasse dies, lasse dies, dies alles,

53 fasse alles, lasse es, feile dies, sie fiel, es lief ideal,
54 löse es, löse alles, löse dies, löse es ideal, löse dieses,
55 es sei, sei es, es sei alles, es lief alles leis, dies sei,

56 es fiel, lasse es, löse dies, fasse dies, fasse dies alles,
57 löse es, fasse es, sei leise, lasse dies, lasse dies alles,
58 lies es, sei leis, lies leis, löse alles, lies alles leise,

3. Übung r und u

<<< Wiederholung

1 lies dies alles leis, dies alles lies leis, lies dies leis,
2 öle dies, fasse dies, löse alles, sie eile, das lief ideal,

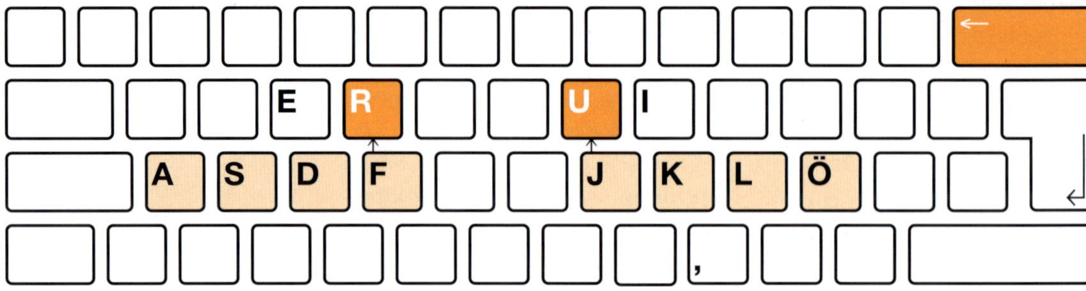

Einführung

Von den Zeilen 3 bis 8 schreibst du zunächst bis zur Trennungslinie. Der Text geht dann zweimal in eine Zeile. Dann erst schreibst du die rechten Texte. Als Hausaufgabe schreibst du die Texte so, als wäre die Trennungslinie nicht vorhanden.

	Zeigefinger links vom **f** zum **r** und zurück = **frf**	Zeigefinger rechts vom **j** zum **u** und zurück = **juj**
3	fff frf frf frf rfr rfr rfr r	jjj juj juj juj uju uju uju u
4	frfa frfs frfd frfa frfs frfd	jujö jujl jujk jujö jujl jujk
5	r ral rak ras raf rad rar rer	u sur dur fur jur kur lur rur
6	f fra ard ars erl erk ers ser	j jul juk juf jud jus ulf ulk
7	fr fr fre fre frei frei freie	au au kau kau kauf kauf kaufe
8	ra ra raf raf raff raff raffe	au au auf auf lauf lauf laufe

Gymnastische Übungen 1, 4, 7 und 9

Anwendung

9 frei frei frei darf darf darf lauf lauf lauf kauf kauf kauf
10 frei frei darf darf lauf lauf kauf kauf frei frei darf darf
11 frei darf lauf kauf frei darf lauf kauf frei darf lauf kauf

12 laufe laufe laufe kaufe kaufe kaufe raufe raufe raufe saufe
13 laufe laufe kaufe kaufe raufe raufe saufe saufe laufe laufe
14 laufe kaufe raufe saufe laufe kaufe raufe saufe laufe kaufe

15 freue freue freue freie freie freie jeder jeder jeder reise
16 freue freue freie freie jeder jeder reise reise freue freue
17 freue freie jeder reise freue freie jeder reise freue freie

18 reise, reise aus, reise frei, reise frei aus, er reise aus,
19 laufe, laufe aus, laufe frei, laufe frei aus, er laufe aus,
20 reise, laufe aus, reise frei, laufe frei aus, er reise aus,

Reinschrift A

21 er kaufe es, rufe das aus, er rede klar, sie lief leer aus,
22 er kaufe es, rufe das aus, er rede klar, sie lief leer aus,
23 er kaufe es, rufe das aus, er rede klar, sie lief leer aus,

24 rufe es aus, kaufe es auf, rufe das aus, sie lief frei aus,
25 rufe es aus, kaufe es auf, rufe das aus, sie lief frei aus,
26 rufe es aus, kaufe es auf, rufe das aus, sie lief frei aus,

27 er laufe aus, fasse es auf, er kassiere alles, rufe es auf,
28 sie rief aus, rede das aus, sie rede klar aus, kaufe alles,
29 er laufe aus, sie rief aus, er kassiere alles, er lief aus,

Korrekturen durch Überschreiben

Häufigkeitswörter

Die 66 häufigsten Wörter machen 50 % aller Wörter eines Textes aus. Deshalb solltest du die Häufigkeitswörter oft und besonders gründlich üben.

```
30 es des je alle alles die sie sei dies diese dieses es alles
31 er der dar dir auf aus du aller drei rede jeder darauf frei
```

Durch Überschreiben werden falsche Zeichen gelöscht und durch richtige ersetzt. Bei Word ist der Einfügemodus die Standardeinstellung. Der Überschreibmodus muss erst durch Doppelklick auf **ÜB** in der Statusleiste eingeschaltet werden.

Ob sich das Textverarbeitungsprogramm im Überschreib- oder im Einfügemodus befindet, kannst du rasch feststellen. – Schreibe das Wort **»lies«.** Führe den Cursor auf das »s«. Gebe ein »f« ein. Ergibt sich das Wort **»lief«,** dann arbeitet das Programm im Überschreibmodus (»s« wurde mit »f« überschrieben, aus »lies« wurde »lief«). Ergibt sich aber das Wort **»liefs«,** dann arbeitet das Programm im Einfügemodus (zwischen »e« und »s« wurde ein »f« eingefügt, aus »lies« wurde »liefs«). **ÜB** = Überschreibmodus ÜB = Einfügemodus

Durch Doppelklick auf **ÜB** wird von einem in den anderen Modus umgeschaltet.

Bei Word 2007/2010 erfolgt die Umschaltung mit der **Einfg**-Taste. Zuvor muss einmalig folgende Option gewählt werden: **Datei – Optionen – Erweitert – Einfg-Taste zum Steuern des Überschreibmodus** verwenden.

Korrektur durch Überschreiben

Aus **f**asse wird lasse

1. Führe den Cursor vor das »f« von »fasse«.
2. Schalte erforderlichenfalls erst vom Einfüge- in den Überschreibmodus um.
3. Schlage ein »l« an.

Geläufigkeitsübung

```
32 frei frei frei freie freier freies freier freies frei freie
33 frei frei frei freie freier freies freier freies frei freie

34 ruf rufe reif reife reifer reifes reifer reiferes rufe reif
35 ruf rufe reif reife reifer reifes reifer reiferes rufe reif

36 da dar daraus darauf da dar daraus darauf da dar daraus dar
37 da dar daraus darauf da dar daraus darauf da dar daraus dar
```

Gymnastische Übungen 3, 4, 8 und 10

Vertiefung

```
38 rufe auf, jeder rufe auf, jeder rufe das auf, sie rief auf,
39 rufe auf, jeder rufe auf, jeder rufe das auf, sie rief auf,
40 rufe auf, jeder rufe auf, jeder rufe das auf, sie rief auf,
```

Bitte einrücken:

```
41           dar daraus darauf dar daraus darauf,
42           dar daraus darauf dar daraus darauf,
43           dar daraus darauf dar daraus darauf,

44           er darf es, jeder rufe es frei aus, rufe das aus,
45           er darf es, jeder rufe es frei aus, rufe das aus,
46           er darf es, jeder rufe es frei aus, rufe das aus,

47 laufe aus, laufe frei aus, sauer, sie sei sauer, ködere es,
48 laufe aus, laufe frei aus, sauer, sie sei sauer, ködere es,
49 laufe aus, laufe frei aus, sauer, sie sei sauer, ködere es,
```

Reinschrift B

```
50 rede frei, jeder rede frei, das alles rede frei, rede frei,
51 rufe frei, jeder rufe frei, das alles rufe frei, rufe frei,
52 rede frei, jeder rufe frei, das alles rede frei, rufe frei,

53 laufe aus, jeder laufe aus, jeder lief frei aus, laufe aus,
54 kaufe das, jeder kaufe das, jeder kaufe das auf, kaufe auf,
55 reife aus, jeder reife aus, das reife alles aus, reife aus,

56 laufe aus, jeder kaufe das, das reife alles aus, laufe aus,
57 kaufe das, jeder reife aus, jeder lief frei aus, kaufe auf,
58 reife aus, jeder laufe aus, jeder kaufe das auf, reife aus,
```

4. Übung g und h

<<< Wiederholung

1 er kaufe es, rufe das aus, er rede klar, sie lief leer aus,
2 rufe es aus, kaufe es auf, rufe das aus, sie lief frei aus,

Einführung

Zeigefinger links vom **f** zum **g** und zurück = **fgf**

Zeigefinger rechts vom **j** zum **h** und zurück = **jhj**

3 fff fgf fgf fgf gfg gfg gfg g | jjj jhj jhj jhj hjh hjh hjh h
4 fgfa fgfs fgfd fgfa fgfs fgfd | jhjö jhjl jhjk jhjö jhjl jhjk

5 g gal gaf gak leg lag eig lig | h hal has hel hie sah ieh uhr
6 g gil ger gri ilg reg gus sug | h her reh ehr har rah hil lih

7 ag ag lag lag lage lage lagre | he he hel hel helf helf helfe
8 rg rg arg arg arge arge karge | ih ih ihr ihr ihre ihre ihres

Gymnastische Übungen 2, 4 und 10

Anwendung

9 klag klag klag höre höre höre jage jage jage kahl kahl kahl
10 klag klag höre höre jage jage kahl kahl klag klag höre höre
11 klag höre jage kahl klag höre jage kahl klag höre jage kahl

12 sage ihre grau heil sage ihre grau heil sage ihre grau heil
13 fege sehr gehe hege fege sehr gehe hege fege sehr gehe hege
14 hell hier lege sieh hell hier rege sieh hell hier lege sieh

15 sage ihre grau heil fege sehr gehe hege hell hier lege sieh
16 fege lege rege gehe hege hell hier sieh ihre sehr ölig feig
17 heil grau ihre sage hier rege sieh jage kahl höre rege hege

18 sauge gierig auf, er rufe freudig aus, gehe aus dir heraus,
19 das sah grau aus, fege alles hier auf, sie griff das ruhig,
20 lege es hier aus, heile dies hier aus, greife das hier auf,

Reinschrift A

21 leihe das aus, leihe es eilig aus, leihe es sehr eilig aus,
22 leihe das aus, leihe es eilig aus, leihe es sehr eilig aus,
23 leihe das aus, leihe es eilig aus, leihe es sehr eilig aus,

24 gehe ruhig, hege dies, sage aus, gehe auf, es sah grau aus,
25 gehe ruhig, hege dies, sage aus, gehe auf, es sah grau aus,
26 gehe ruhig, hege dies, sage aus, gehe auf, es sah grau aus,

27 leihe das aus, leihe es ruhig aus, leihe es ruhig hier aus,
28 sage dies auf, sage das ruhig auf, sage das hier ruhig auf,
29 heile das aus, heile es ruhig aus, heile es hier ruhig aus,

Das Löschen von Zeichen

Häufigkeitswörter

30 er der dar dir auf aus du aller drei rede jeder darauf frei
31 ihr ihre ihrer lege frage sage her sehr gar hierher freudig

Für das Löschen von Zeichen gibt es verschiedene Möglichkeiten

Merkst du einen Fehler sofort nach dem Anschlag, so bedienst du die Korrekturtaste (Backspace-Taste). Das Zeichen links neben dem Cursor wird gelöscht. Durch ständiges Niederdrücken der Korrekturtaste können natürlich auch mehrere Schriftzeichen nacheinander gelöscht werden.

Merkst du einen Fehler erst später, so kannst du durch einfaches Überschreiben den Fehler beseitigen. Auch wenn Wörter mit gleicher Anschlagszahl zu korrigieren sind, kann man den Fehler durch Überschreiben berichtigen. Der Überschreibmodus muss eingeschaltet sein.

Sofortkorrektur mit der Korrekturtaste ←

Aus `jeder` ← wird `jede`

1. Führe den Cursor hinter das »r« von »jeder«.
2. Betätige die Korrekturtaste (Backspace-Taste), erforderlichenfalls auch mehrmals.

Geläufigkeitsübung

32 griff griffig griffige griffiger griffigeres griffige griff
33 griff griffig griffige griffiger griffigeres griffige griff

34 helle heller hellere hellerer helleres hellhörig hellhaarig
35 helle heller hellere hellerer helleres hellhörig hellhaarig

36 heil heile heilig heilige heiliger heiliges heiliger heilig
37 heil heile heilig heilige heiliger heiliges heiliger heilig

Gymnastische Übungen 8, 9 und 10

Vertiefung

38 sie fuhr geradeaus, sie fuhr geradeaus, sie fuhr geradeaus,
39 greife es hier auf, greife es hier auf, greife es hier auf,
40 sie sei sehr ruhig, sie sei sehr ruhig, sie sei sehr ruhig,

41 sie fuhr geradeaus, greife es hier auf, sie sei sehr ruhig,
42 greife es hier auf, sie sei sehr ruhig, sie fuhr geradeaus,
43 sie sei sehr ruhig, sie fuhr geradeaus, greife es hier auf,

44 sei klug, seid klug, seid sehr klug, er löse das sehr klug,
45 sie half, hilf sehr, hilf ihr eilig, es half ihr dies sehr,
46 sie gehe, gehe hier, sie gehe eilig, alles gehe sehr eilig,

47 erledige es, erledige es hier, erledige alles sehr freudig,
48 es sei ölig, es sei sehr ölig, es sei hier alles sehr ölig,
49 erfahre das, er erfahre alles, erfahre es alles sehr ruhig,

Reinschrift B

47 sie sei gesellig, es gedieh ihr alles, alles ruhe hier aus,
48 sie sei gesellig, es gedieh ihr alles, alles ruhe hier aus,
49 sie sei gesellig, es gedieh ihr alles, alles ruhe hier aus,

50 sei klug, seid klug, seid sehr klug, er löse das sehr klug,
51 sie half, hilf sehr, hilf ihr eilig, es half ihr dies sehr,
52 sie gehe, gehe hier, sie gehe eilig, alles gehe sehr eilig,

53 erledige es, erledige es hier, erledige alles sehr freudig,
54 es sei ölig, es sei sehr ölig, es sei hier alles sehr ölig,
55 erfahre das, er erfahre alles, erfahre es alles sehr ruhig,

5. Übung v, m und .

<<< Wiederholung

1 sage dies auf, sage das ruhig auf, sage das hier ruhig auf,
2 heile das aus, heile es ruhig aus, heile es hier ruhig aus,

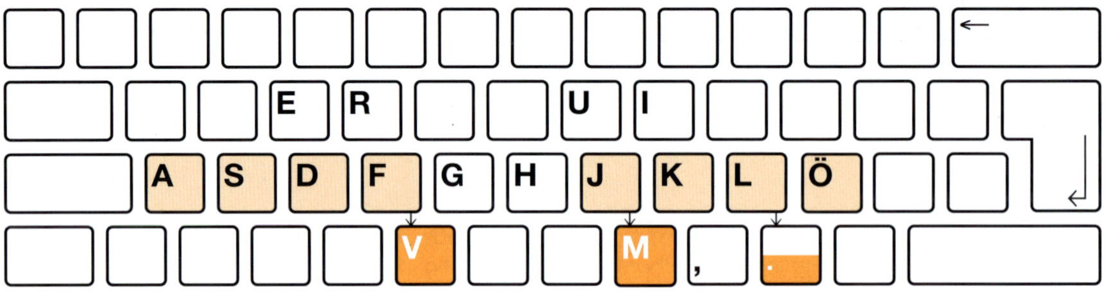

Einführung

Zeigefinger links vom **f** zum **v** und zurück = **fvf** | Zeigefinger rechts vom **j** zum **m** und zurück = **jmj**

3 fff fvf fvf fvf vfv vfv vfv v | jjj jmj jmj jmj mjm mjm mjm m
4 fvfa fvfs fvfd fvfa fvfs fvfd | jmjö jmjl jmjk jmjö jmjl jmjk

5 v vie ver ave eva rav ive var | m mal mul mus mir dem kam kum
6 v iev völ vul luv kuv viv dav | m rum mum lum ilm mil sam mak

7 vi vi vie vie viel viel viele | me me meh meh mehr mehr mehre
8 ve ve rve rve urve urve kurve | em em lem lem llem llem allem

Gymnastische Übungen 8, 9 und 10

Anwendung

9 viel viel viel mehr mehr mehr vier vier vier mild mild mild
10 viel viel mehr mehr vier vier mild mild viel viel mehr mehr
11 viel mehr vier mild viel mehr vier mild viel mehr vier mild

12 merke ihrem immer viele merke ihrem immer viele merke ihrem
13 meide allem melde darum meide allem melde darum meide allem
14 merke ihrem immer viele meide allem melde darum merke ihrem

15 verleihe, verkaufe, verliere, verleihe, verkaufe, verliere,
16 verfasse, vermeide, verklage, verfasse, vermeide, verklage,
17 verleihe, verkaufe, verliere, verfasse, vermeide, verklage,

18 er mag viel, dreimal mehr, immer viel mehr, verlege es ihm,
19 verfasse es, verlasse sie, vermeide völlig, vermerke alles,
20 kurve herum, er verlas es, sie vermag viel, kehre immer um,

Reinschrift

21 verkaufe ihm viel, verkaufe ihm viel mehr, verkaufe es ihm,
22 verleihe ihm viel, verleihe ihm viel mehr, verleihe es ihm,
23 vermerke ihm viel, vermerke ihm viel mehr, vermerke es ihm,

24 vermeide es immer, vermehre alles dreimal, kehre immer aus,
25 vermerke es immer, vermerke alles dreimal, fahre immer aus,
26 verkaufe es immer, verkaufe alles dreimal, laufe immer aus,

27 sie mag es, sie vermag es, er vermag viel, sie vermag mehr,
28 sie kam um, verkaufe viel, vermisse alles, verleihe es ihm,
29 meide dies, vermisse viel, vermeide immer, vermerke es ihm,

Korrigieren mit der Entferntaste

Häufigkeitswörter

30 ihr ihre ihrer lege frage sage her sehr gar hierher freudig
31 um im am kam ihm mal immer ihrem diesem vier viele vielmehr

Korrigieren mit der Entferntaste musst du, wenn du ein Zeichen oder mehrere entfernen willst, die rechts neben dem Cursor stehen.

Es gibt also zwei Tasten zum Löschen:

Mit der **Entferntaste** **Entf** löschst du alle Zeichen rechts vom Cursor.

Mit der **Rücktaste** ⟵ löschst du alle Zeichen links vom Cursor.

Korrekturen mit der Entferntaste

Aus gerade wird grade

1. Cursor vor »e« stellen.
2. Entferntaste betätigen

Entf bzw. **DEL**

Einführung des Punktes

Ringfinger rechts vom **l** zum **.** und zurück = **l.l**

Regel: Der Punkt folgt dem Wort ohne Leerschritt.

32 jmjö k,kö l.lö jmjö k,kö l.lö jmjö k,kö l.lö jmjö k,kö l.lö
33 l.lö l.lk l.lj l.lö l.lk l.lj l.lö l.lk l.lj l.lö l.lk l.lj

34 mal. mal. mal. mir. mir. mir. ihm. ihm. ihm. kam. kam. kam.
35 mal. mir. ihm. kam. mal. mir. ihm. kam. mal. mir. ihm. kam.

36 verkaufe viel. verkaufe viel mehr. verkaufe ihm immer mehr.
37 vermerke dies. vermerke viel mehr. vermerke ihm immer mehr.

Gymnastische Übungen 2, 3, 5 und 9

Anwendung

38 male viel. male viel mehr. male sehr viel. male immer viel.
39 sage viel. versage es ihm. versage es mir. versage es hier.
40 meide das. vermeide alles. er vermeide es. vermeide dieses.

41 vermerke es. vermerke es immer. vermerke dies aufmerksamer.
42 verkaufe es. versage viel mehr. sie vermeide es immer mehr.
43 verleihe es. vermehre es immer. hilf ihm hier vielmals aus.

44 verkaufe es. versage viel mehr. sie vermeide es immer mehr.
45 vermerke es. vermehre es immer. hilf ihm hier vielmals aus.
46 verleihe es. vermerke es immer. vermerke dies aufmerksamer.

47 vier, viermal, viermalig, viermalige, viermaliges, viermal.
48 mehr, mehrere, mehrmalig, mehrmalige, mehrmaliges, mehrmal.
49 viel, vielmal, vielmalig, vielmalige, vielmaliges, vielmal.

Schrift: Courier New 12 pt
Format: Absatz – genau – 8 pt

Alternativ: In Gruppe Absatz Zeilen- und Absatzabstand anklicken – Zeilenabstandsoptionen anklicken – Zeilenabstand genau 8 pt – Kein Abstand zwischen den Absätzen.

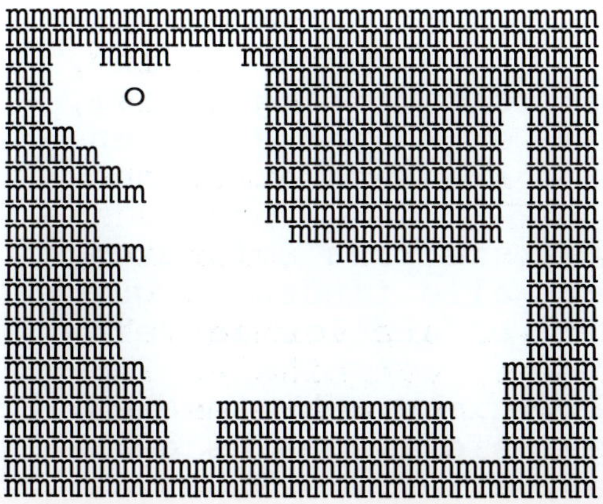

```
 1. Reihe 25 m
 2. Reihe 25 m
 3. Reihe  2 m,  2 leer,  3 m, 3 leer, mit m auffüllen
 4. Reihe  2 m,  9 leer,                mit m auffüllen
 5. Reihe  2 m,  3 leer,  1 o, 5 leer,  mit m auffüllen
 6. Reihe  2 m,  9 leer, 10 m, 1 leer, 3 m
 7. Reihe  3 m,  8 leer, 10 m, 1 leer, 3 m
 8. Reihe  4 m,  7 leer, 10 m, 1 leer, 3 m
 9. Reihe  5 m,  6 leer, 10 m, 1 leer, 3 m
10. Reihe  6 m,  5 leer, 10 m, 1 leer, 3 m
11. Reihe  4 m,  7 leer, 10 m, 1 leer, 3 m
12. Reihe  4 m,  8 leer,  9 m, 1 leer, 3 m
13. Reihe  6 m,  8 leer,  6 m, 2 leer, 3 m
14. Reihe  5 m, 17 leer,  3 m
15. Reihe  5 m, 17 leer,  3 m
16. Reihe  5 m, 17 leer,  3 m
17. Reihe  5 m, 17 leer,  3 m
18. Reihe  5 m, 17 leer,  3 m
19. Reihe  6 m, 15 leer,  4 m
20. Reihe  6 m, 15 leer,  4 m
21. Reihe  7 m,  2 leer, 10 m, 2 leer, 4 m
22. Reihe  7 m,  2 leer, 10 m, 2 leer, 4 m
23. Reihe  7 m,  2 leer, 10 m, 2 leer, 4 m
24. Reihe 25 m
25. Reihe 25 m
```

6. Übung t und n

<<< Wiederholung

1 verkaufe ihm viel, vermehre alles dreimal, verkaufe es ihm.
2 vermeide es immer, verkaufe ihm viel mehr, kehre immer aus.

Einführung

Der Griff zum t in die obere Buchstabentastenreihe wird bewusst mit dem Griff zum n in die untere Buchstabentastenreihe eingeführt, denn die Entfernungen sind gleich. Das beugt Fehlgriffen vor. Vergleiche Griffe zu t und z.

	Zeigefinger links vom **f** zum **t** und zurück = **ftf**	Zeigefinger rechts vom **j** zum **n** und zurück = **jnj**
3	fff ftf ftf ftf tft tft tft t	jjj jnj jnj jnj njn njn njn n
4	ftfa ftfs ftfd ftfa ftfs ftfd	jnjö jnjl jnjk jnjö jnjl jnjk
5	t tar rat ter ert tur urt aft	n nun nur num nie lin kin nil
6	t tiv tav tas sat dat tal lat	n mun ene ner ren ans nad and
7	te te tei tei teil teil teile	ne ne nen nen nenn nenn nenne
8	lt lt ilt ilt eilt eilt eilte	en en den den nden nden enden

Gymnastische Übungen 1, 2, 6 und 10

Anwendung

9 tief tief tief nahe nahe nahe tief tief tief nahe nahe nahe
10 tief tief nahe nahe tief tief nahe nahe tief tief nahe nahe
11 tief nahe tief nahe tief nahe tief nahe tief nahe tief nahe

12 nehmen lassen können stehen nehmen lassen können stehen und
13 dessen steige runden einmal dessen steige runden einmal nun
14 stellt nennen treten finden andere ersten nahmen hatten nun

15 er stellte ihn ein, sie steigen hurtig, sie kann mitfahren.
16 sie kann auftreten, ihn just ermuntern, man kann vertrauen.
17 er stellte ihn ein, sie kann auftreten, sie steigen hurtig.

18 nehmen annehmen aufnehmen einnehmen nimmt vernimmt vernehmt
19 stehen anstehen aufstehen einstehen steht verstehe versteht
20 teilen verteile austeilen einteilen teile verteile verteilt

Reinschrift A

21 sie kann aufstehen, er könnte einsehen, sie verlangte viel.
22 sie kann mitfahren, sie kann aufstehen, er könnte einsehen.
23 sie verlangte viel, sie kann mitfahren, sie kann aufstehen.

24 alle finden es gut, er stellte ihn ein, sie kann auftreten.
25 er stellte ihn ein, sie kann auftreten, alle finden es gut.
26 sie kann auftreten, alle finden es gut, er stellte ihn ein.

27 aneinander geraten, nunmehr eingeteilt, nimmermehr ansehen.
28 alle verstanden es, einander aufnehmen, sie trugen es gern.
29 nunmehr eingesehen, nie mehr mitfahren, alle verstanden es.

Schriftzeichen einfügen

Häufigkeitswörter

30 den ein man ihn uns hin und nie hat gut tat tut mit ist tun
31 sind denn dann fand erst sagt nahm fest trag geht rund lang

Schriftzeichen einfügen musst du immer dann, wenn ein oder mehrere Schriftzeichen vergessen wurden. Am Computer können Schriftzeichen, Wörter, Sätze und Texte und natürlich auch Leerzeichen ohne Weiteres nachträglich eingefügt werden.

Erforderlich ist, dass das Textverarbeitungsprogramm im Einfügemodus arbeitet. Ist dieser eingeschaltet, werden keine Zeichen mehr überschrieben, sondern es werden alle neu eingegebenen Zeichen vor der momentanen Cursorposition eingefügt. Der restliche Text rückt nach rechts.

Der Einfügemodus bleibt eingeschaltet, bis du wieder auf den Überschreibmodus umschaltest. Bei Word ist der Einfügemodus die Standardeinstellung.

Zeichen einfügen

Aus `tagen` wird `tagten`

1. Cursor an die Einfügestelle vor »e« bringen.
2. Der Einfügemodus muss erforderlichenfalls eingeschaltet werden.
3. Fehlendes »t« einfügen.

Geläufigkeitsübung

Wenn du Fehler machst, schreibst du zu schnell!

32 alt alte alter altes altem alten altern altklug altvertraut
33 alt alte alter altes altem alten altern altklug altvertraut

34 mein meine meiner meines meinem meinen deinen seinem keines
35 mein meine meiner meines meinem meinen deinen seinem keines

36 treten antreten auftreten vertreten tritt auftritt eintritt
37 treten antreten auftreten vertreten tritt auftritt eintritt

Gymnastische Übungen 2, 6, 9 und 10

Vertiefung

38 miteinander fahren, aufeinander stehen, aneinander stellen.
39 aufeinander stehen, aneinander stellen, miteinander fahren.
40 aneinander stellen, miteinander fahren, aufeinander stehen.

41 sie kann es öffnen, er könnte es öfter, er sagte alles auf.
42 er könnte es öfter, er sagte alles auf, sie kann es öffnen.
43 er sagte alles auf, sie kann es öffnen, er könnte es öfter.

44 dann fand er alles, er findet alle gut, sie lernte es stur.
45 er findet alle gut, sie lernte es stur, dann fand er alles.
46 sie lernte es stur, dann fand er alles, er findet alle gut.

47 er könnte einsehen, sie verlangte viel, sie kann aufstehen.
48 alle finden es gut, er stellte ihn ein, sie kann mitfahren.
49 nunmehr eingeteilt, nimmermehr ansehen, aneinander geraten.

Reinschrift B

50 einander aufnehmen, sie trugen es gern, alle verstanden es.
51 sie trugen es gern, alle verstanden es, einander aufnehmen.
52 alle verstanden es, einander aufnehmen, sie trugen es gern.

53 nie mehr mitfahren, nunmehr eingesehen, miteinander fahren.
54 aufeinander stehen, aneinander stellen, sie kann es öffnen.
55 er könnte es öfter, er sagte alles auf, dann fand er alles.

56 er findet alle gut, sie lernte es stur, sie verlangte viel.
57 er stellte ihn ein, alle verstanden es, einander aufnehmen.
58 dann fand er alles, er findet dies gut, sie lernte nun gut.

7. Übung b und z

<<< Wiederholung

1 sie kann mitfahren, alle finden es gut, er stellte ihn ein.
2 aneinander geraten, nunmehr eingeteilt, nimmermehr ansehen.

Einführung

Zeigefinger links vom **f** zum **b** und zurück = **fbf**	Zeigefinger rechts vom **j** zum **z** und zurück = **jzj**
3 fff fbf fbf fbf bfb bfb bfb b	jjj jzj jzj jzj zjz zjz zjz z
4 fbfa fbfs fbfd fbfa fbfs fbfd	jzjö jzjl jzjk jzjö jzjl jzjk
5 b bas sab ber reb bur rub bra	z zer zur zar zil zag liz zei
6 b bar rab bes seb bus sub bab	z eiz etz itz arz zah haz atz
7 bl bl ble ble blei blei bleib	ze ze zei zei zeig zeig zeigt
8 lb lb elb elb gelb gelb gelbe	tz tz tzt tzt etzt etzt jetzt

Gymnastische Übungen 1, 2, 6 und 10

Anwendung

9 bald bald bald zeig zeig zeig bald bald bald zeig zeig zeig
10 bald bald zeig zeig bald bald zeig zeig bald bald zeig zeig
11 bald zeig bald zeig bald zeig bald zeig bald zeig bald zeig

12 zugelegt zugehörig zugesagt zugelaufen zugesehen zuzuziehen
13 beilegen beidrehen beigeben beibringen beistehen beistimmen
14 zugelegt beidrehen zugesagt beibringen zugesehen beistimmen

15 zerstört, zerzaust, zersetzt, zerstört, zerzaust, zersetzt.
16 benehmen, beziehen, bezahlen, belaufen, bereitet, besagten.
17 zerstört, benehmen, zerzaust, zersetzt, bezahlen, belaufen.

18 arbeite aufmerksam, kaufe billiger ein, zahle alles in bar.
19 zeige es bitte her, zahle gut und gern, zusammen festlegen.
20 kaufe billiger ein, arbeite aufmerksam, zahle alles in bar.

Reinschrift A

21 bezahle dies jetzt, sie verletzten ihn, bis zuletzt zögern.
22 sie verletzten ihn, bis zuletzt zögern, bezahle dies jetzt.
23 bis zuletzt zögern, bezahle dies jetzt, sie verletzten ihn.

24 er verzögerte sehr, bis zuletzt gehört, beizeiten bezahlen.
25 bis zuletzt gehört, beizeiten bezahlen, er verzögerte sehr.
26 beizeiten bezahlen, er verzögerte sehr, bis zuletzt gehört.

27 arbeite immer gern, zuerst aufbereitet, zuletzt eingesetzt.
28 zuletzt aufgegeben, zusammen gezittert, beizeiten aufgeben.
29 sie beziehen alles, er verzeiht ungern, zittern und zögern.

Markieren

Häufigkeitswörter

30 aber bei haben zum zur selbst bis habe ganz einzelnen jetzt
31 leben liebe bin bald eben beiden ganzen dazu ab heben dabei

Durch Markieren wird bei Word das Löschen vorbereitet. Durch Doppelklicken auf ein Wort wird dieses markiert. Zieht man mit gedrückter Maustaste über einen Text, kann man beliebig viele Zeichen markieren. Will man eine Zeile markieren, so bringt man den Mauszeiger am linken Rand in die Spalte neben dem Text und klickt mit der Maus. Markierte Texte löscht man mit der Taste **Entf**.

Alternativ:

2 x **F8** = Wort markieren, 3x **F8** = Satz markieren,
4 x **F8** = Absatz markieren, 5x **F8** = markiert ges. Text.

Mit einem Klick außerhalb der Markierung wird die Markierung wieder aufgehoben.

Mit einmal **F8** kann im Erweiterungsmodus markiert werden. Die Statuszeile zeigt **ERW** (erweitern) an. Mit den Pfeiltasten wird die Markierung erweitert. **Esc** schaltet den Erweiterungsmodus aus.

Das Löschen von Text

versage ihm viel

1. Bringe den Cursor in das zu löschende Wort und markiere dieses.
2. Lösche das Wort mit der Entferntaste **Entf**.
3. Auf gleiche Weise löscht man Zeilen, Absätze usw.

Geläufigkeitsübung

32 ab abfallen abfliegen abnehmen abhören abkaufen abgegriffen
33 ab abfallen abfliegen abnehmen abhören abkaufen abgegriffen

34 zu zugeben zuhören zunehmen zulaufen zuziehen hinzuzuziehen
35 zu zugeben zuhören zunehmen zulaufen zuziehen hinzuzuziehen

36 abgelaufen abgekauft abgerufen abgesehen abgegeben abgelegt
37 abgelaufen abgekauft abgerufen abgesehen abgegeben abgelegt

Gymnastische Übungen 3, 4, 5 und 9

Vertiefung

38 letzte letzten letzter letztes zuletzt verletzt unverletzt.
39 setzen besetzt gesetzt ersetzt besetzt versetzt einsetzbar.
40 letzte besetzt letzter ersetzt zuletzt versetzt unverletzt.

41 ziehen, ausziehen, aufziehen, einziehen, ziehe bei uns ein.
42 zahlen, auszahlen, aufzahlen, einzahlen, zahle bei uns ein.
43 ziehen, auszahlen, aufziehen, einzahlen, ziehe bei uns ein.

44 bezahle dies jetzt, verstehe es besser, verzeihe das immer.
45 verstehe es besser, verzeihe das immer, bezahle dies jetzt.
46 verzeihe das immer, bezahle dies jetzt, verstehe es besser.

47 sie sind belastbar, dies ist zugeteilt, es bezeugen können.
48 hier ist abgeteilt, sie ist begeistert, er kann bar zahlen.
49 sie sind zerkratzt, er ziehe ihn hinzu, beziehe alles bald.

Reinschrift B

50 sie begriff es gut, sie bestellte viel, sie sind geblieben.
51 sie hatte zugesagt, er kann begeistern, er hatte gezittert.
52 er bestellte jetzt, gut beisammen sein, bei ihnen zugesagt.

53 immer beliebt sein, nie mehr verletzen, beizeiten erziehen.
54 am besten verdient, bestenfalls zögern, beliebig aufziehen.
55 sie versetzten ihn, am besten anziehen, immer zugegen sein.

56 sie bezahlt ungern, bezahle dies jetzt, sie verletzten ihn.
57 arbeite aufmerksam, bis zuletzt zögern, sie beziehen alles.
58 bezeuge dies jetzt, arbeite immer gern, ihn jetzt zuziehen.

Großbuchstaben

<<< Wiederholung

1 bezahle dies jetzt, sie verletzten ihn, bis zuletzt zögern,
2 arbeite aufmerksam, er verzeiht ungern, beizeiten aufgeben,

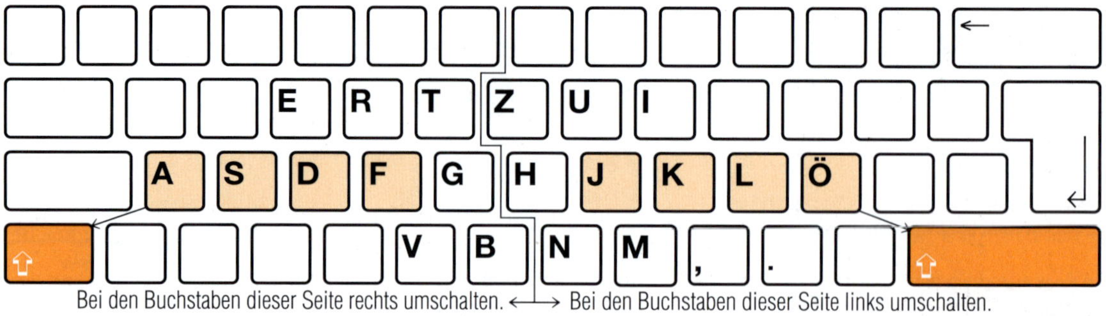

Einführung

Großbuchstaben im Tastenfeld rechts: linken **Um**schalter drücken, **J** anschlagen, Umschalter **los**lassen, **a** anschlagen **(Um-J-los-a) = Ja**

3 Ja Ja Ja Ja Ka Ka Ka Ka La La La La Öa Öa Öa Öa Ha Ha Ha Ha
4 Jahr Kauf Land Ösen Hand Jahr Kauf Land Ösen Hand Jahr Kauf

Großbuchstaben im Tastenfeld links: rechten **Um**schalter drücken, **F** anschlagen, Umschalter **los**lassen, **ö** anschlagen **(Um-F-los-ö) = Fö**

5 Fö Fö Fö Fö Dö Dö Dö Dö Sö Sö Sö Sö Aö Aö Aö Aö Gö Gö Gö Gö
6 Föhn Damm Sieg Auge Gang Föhn Damm Sieg Auge Gang Föhn Damm

7 Essen Raten Tarif Zeile Ursel Irene Vater Brief Namen Magen
8 Essen Irene Raten Ursel Tarif Zeile Vater Magen Brief Namen

Schreibe langsam und im Takt, dann wirst du Umschaltfehler vermeiden!

Anwendung

9 Das neue Jahr, der gute Kauf, ein altes Land, die neue Öse.
10 Der alte Hund, der neue Fall, das junge Ding, der alte See.
11 Das eine Auge, der gute Gang, ein alter Esel, die gute Tat.

12 Alles Gute, allerlei Neues, genug Dummes, das laute Gerede.
13 Viel Neues, allerlei Altes, alles Gerede, vieles Vertraute.
14 Mein Junge, der gute Junge, dieser Junge, der junge Freund.

15 Allerlei Kluges ist zu hören. Vielerlei Gutes ist angesagt.
16 Sie ist die Beste der Klasse. Es ist am besten, er sagt es.
17 Alte und Junge hören gern zu. Alte und junge Leute sind da.

18 Er zahlte die Zölle ab Basel. Er kann die Rede frei halten.
19 Beide Zeugenaussagen stimmen. Barbara ging zeitig ins Bett.
20 Bestellen Sie nur bei Bedarf. Zurzeit zahlt sie nur ungern.

Gymnastische Übungen 2, 4, 8 und 9

Reinschrift A

21 Der Alte, die Alten, Alte und Junge. Es kamen Jung und Alt.
22 Das Neue, ein Neuer, der neue Tarif. Das Neue und das Alte.
23 Das Gute, ein Guter, der gute Vater. Das Gute in ihm siegt.

24 Die jungen Leute halfen gern. Sein Junge kam öfter mit uns.
25 Der alte Mann stimmte uns zu. Der Alte ist öfter zu allein.
26 Alle feiern das Neujahrsfest. Alle feierten ein neues Jahr.

27 Bearbeite immer jede einzelne Aufgabe aufmerksam und sauber.
28 Steigere deine Leistung bis dir fehlerfreie Zeilen gelingen.
29 Nur mit sehr viel Ausdauer kann deine Bestleistung gelingen.

Die Umschaltung

Häufigkeitswörter

jeweils 3x schreiben

30 Zeit Herr Leben Jahre Mann Herren Liebe Hand Herrn Lage Art
31 Frau Mark Frage Tun Augen Vater Jahren Teil Tage Natur Haus

Die Umschaltung

Die Umschaltung ermöglicht es dir, nun auch Großbuchstaben zu schreiben. Bisher wurden keine Substantive (Hauptwörter) geschrieben, weil wir sie hätten mit kleinem Anfangsbuchstaben schreiben müssen, und das wäre doch falsch gewesen. Dies soll nun anders werden, und das geht so:
Liegen die Buchstaben mit großem Anfangsbuchstaben im Griffbereich der rechten Hand, dann musst du den linken Umschalter mit dem linken kleinen Finger niederdrücken und in dieser Stellung halten, bis der Anschlag erfolgte. Und so geht es auch mit Buchstaben, die im Griffbereich der linken Hand liegen. Hier musst du mit dem rechten kleinen Finger umschalten.

Geläufigkeitsübung

32 Neue Besen kehren gut. Zug um Zug bezahlen. Hier und heute.
33 Neue Besen kehren gut. Zug um Zug bezahlen. Hier und heute.

34 Zeit, seinerzeit, zu seiner Zeit, jederzeit, zu jeder Zeit.
35 Zeit, seinerzeit, zu seiner Zeit, jederzeit, zu jeder Zeit.

36 Gerhard und Ernst zahlten den Betrag binnen zehn Tagen bar.
37 Gerhard und Ernst zahlten den Betrag binnen zehn Tagen bar.

Vertiefung

38 Das Essen, das Trinken, das Handeln, ein Raten, beim Lesen.
39 Das Essen, das Trinken, das Handeln, ein Raten, beim Lesen.
40 Das Essen, das Trinken, das Handeln, ein Raten, beim Lesen.

41 Jahr, das Jahr, im alten Jahr, viele Jahre lang, jahrelang.
42 Jahr, das Jahr, im alten Jahr, viele Jahre lang, jahrelang.
43 Jahr, das Jahr, im alten Jahr, viele Jahre lang, jahrelang.

44 Barbara ist sehr gut im Lesen. Barbara kann sehr gut lesen.
45 Suse kann sehr viel Gutes tun. Suse kann sehr gut arbeiten.
46 Heidelinde fehlt es am Besten. Heidelinde gefiel am besten.

47 Renate ist sehr gut im Lesen, sie ist die Beste der Klasse.
48 Regina kann viel Gutes tun, sie kann sehr gut handarbeiten.
49 Besseres Können bringt meist die Stelle mit mehr Verdienst.

Reinschrift B

1 min abstoppen
Minutenschreiben = Schnell schreibtraining

		Anschläge
50	Man darf das gesetzte Ziel niemals aus den Augen verlieren.	62
51	Halte bei der Arbeit stets den Takt ein, nur das hilft dir.	62
52	Sieh niemals auf deine Tasten und benutze alle zehn Finger.	62
53	Mit Freude lern, dann hilft mit Rat und Tat ein jeder gern.	63
54	Nur munter ran, nur festen Mut, das Ende naht, es geht gut.	62
55	Gute Gedanken sind gute Begleiter auf jeder Reise ans Ziel.	64
56	Erhöhe deine Aufmerksamkeit und du verbesserst jede Arbeit.	62
57	Können und Leistung bauen ein gesundes Selbstvertrauen auf.	62
58	Die besten Leistungen bringen dir Freude und Zufriedenheit.	63

9. Übung c und ä

<<< Wiederholung

1 Nur mit viel Ausdauer kann Ihnen die Bestleistung gelingen.
2 Nur gute Leistungen bringen Ihnen Freude und Zufriedenheit.

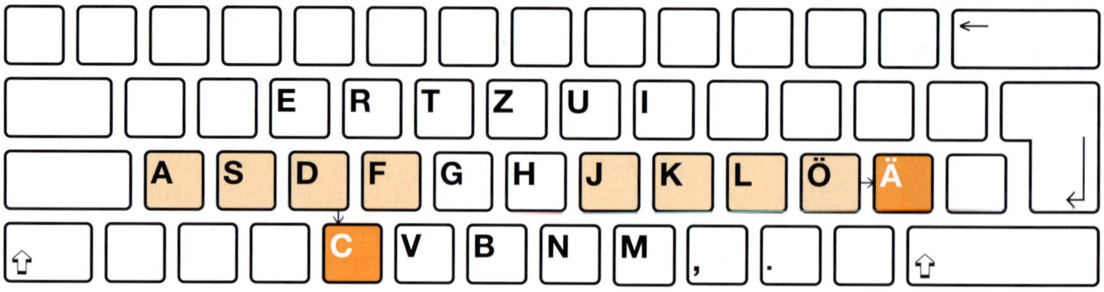

Einführung

Mittelfinger links vom **d** zum **c** und zurück = **dcd** | Kleiner Finger rechts vom **ö** zum **ä** und zurück = **öäö**

3 ddd dcd dcd dcd cdc cdc cdc c | ööö öäö öäö öäö äöä äöä äöä ä
4 dcda dcds dcdf dcda dcds dcdf | öäöj öäök öäöl öäöj öäök öäöl

5 c cht sch ach ich uch ckt eck | ä läg säg häc säc dän fäh fän
6 c ech cir ric tic chi cha ack | ä ähr rät tät näh klä äch mär

7 ch ch cht cht acht acht sacht | kä kä käm käm käme käme kämen
8 sc sc sch sch scha scha schau | sä sä säg säg säge säge sägen

Anwendung

9 durch durch durch sägen sägen sägen durch durch sägen sägen
10 durch durch sägen sägen durch durch sägen sägen durch durch
11 durchsägen, durchsägen, durchsägen, durchsägen, durchsägen,

12 dich, mich, sich, dich, mich, sich, dich, mich, sich, dich,
13 läge, käme, sähe, läge, käme, sähe, läge, käme, sähe, läge,
14 dich, läge, mich, käme, sich, sähe, dich, läge, mich, käme,

15 Ch, Chur, nach Chur fahren, Ch, Chef, die Chefin, in Chile.
16 Äh, Ähre, die Ähren gemäht, Äh, Ähre, das Ärgern, im Äther.
17 Ch, Chur, die Ähren gemäht, Ch, Chef, das Ärgern, in Chile.

18 sägen, lägen, nähren, klären, ernähren, erklärten, tätiges,
19 rasch, suche, lachen, richte, deutsche, besuchten, hackten,
20 kräht, fähig, fähige, hätten, ähnliche, krächzten, reckten,

Gymnastische Übungen 2, 6, 8 und 9

Reinschrift A

21 Bräuche, Ähren, Änderung, Fährschiff, Gärtchen, Schädlinge.
22 Schäfer, Täter, Verräter, Missetäter, Schränke, Vermählung.
23 Schäden, Väter, Bäckerei, Verschläge, Verträge, Häufigkeit.

24 Schäden vermeiden, ächtet den Verräter, mit Äther betäuben.
25 Verträge schätzen, sich gern betätigen, den Täter täuschen.
26 Schäden aufklären, ärgerliche Änderung, ständig belästigen.

27 Die Ehre geben. Die Ähren mähen. Die Lerchen in der Lärche.
28 Ägäisches Meer. Die Ämter haben. Die Märchen gern erzählen.
29 Sie kämen gern. Ein Brett sägen. In China Märchen erzählen.

Die automatische Silbentrennung

Häufigkeitswörter

30 nicht sich ich auch nach durch mich nichts recht vielleicht
31 hätten zunächst nämlich nächste Fällen Mädchen Verhältnisse

Die automatische Silbentrennung

Die Silbentrennung (heute Worttrennung genannt) kann während der Eingabe oder auch nachträglich erfolgen.

Wähle im Menü **Extras** den Befehl **Sprache** und klicke auf **Silbentrennung.**

Übernimm die vorgeschlagene Silbentrennzone und klicke auf automatische Silbentrennung und dann auf OK.

Nun ist die automatische Silbentrennung für das ganze Dokument aktiviert. Wenn du das Häkchen vor automatische Silbentrennung wegnimmst, dann ist die Silbentrennung wieder ausgeschaltet.

Die Silbentrennung wird heute Worttrennung genannt, weil ja nicht die Silbe, sondern das Wort getrennt werden soll.

Silbentrennung bei Word 2007/2010

Register: Seitenlayout
Gruppe: Seite einrichten

Geläufigkeitsübungen

32 durch durchaus durchsehen durchsagen durchsehen durchgesagt
33 Durch die Durchsage sind die Durchschnitte nunmehr bekannt.

34 Die Fähigkeit, fähig, fähiger, am fähigsten, fähige Männer.
35 Die fähigsten Männer kämen, um diese Schäden zu beseitigen.

36 Auf Tastaturen schreiben. Mit allen zehn Fingern schreiben.
37 Nicht auf die Tastatur sehen, das nennt man blindschreiben.

Vertiefung

38 kläre klären erklären aufklären geklärt aufgeklärt erklärte
39 trägt häufig zunächst demnächst erfährt allmählich nächsten
40 fährt hätten ernähren ähnlicher fällige ärgerliche betätige

41 Chef, die Chefin, der Chefarzt, eine Chefsekretärin suchen.
42 Ähre, alle Ähren, im Ährenfeld, die Ährenfelder bald mähen.
43 Chur, viel Äther, der Chiemsee, diese Änderung klarstellen.

44 Er käme täglich, sich aktiv betätigen, ein ständiger Ärger.
45 Sich nie ärgern, einige tätige Männer, die Schäden geklärt.
46 Chemische Faser, sie studierte Chemie, die Chemiestudenten.

47 Sie hätten fast täglich sehr viele Einkäufe tätigen können.
48 Es käme täglich zu ärgerlichen Belästigungen auf der Fähre.
49 Die Schäden durch falsche Ernährung sind leicht vermeidbar.

Reinschrift B 10-Minuten-Schreiben

Anschläge

50 Beim Tastschreiben erst richtig und dann schnell schreiben. 61
51 Nur das garantiert dir eine gute und ausbaufähige Leistung. 61

Schreibe zunächst jede Zeile dreimal und erst dann den ganzen Text, bevor du die benötige Zeit feststellst.

52 Du kannst fast alle Buchstaben auf deiner Tastatur greifen. 62
53 Heute schreibst du zum ersten Mal eine Arbeit, mit der auch 124
54 die Schnelligkeit getestet wird. Es sei aber gleich gesagt, 185
55 langsames und fehlerarmes Schreiben ist besser, als schnell 245
56 und mit vielen Fehlern. Nach deinem Ausbildungsstand kannst 306
57 du diese Aufgabe in acht Minuten schaffen. Das sind sechzig 368
58 Anschläge in der Minute, eine gute und ausbaufähige Arbeit. 430
59 Du darfst nicht nachlassen, du erreichst bestimmt das Ziel. 491

10. Übung **w und o**

<<< Wiederholung

1 Beim Tastschreiben erst richtig und dann schnell schreiben.
2 Es käme täglich zu ärgerlichen Belästigungen auf der Fähre.

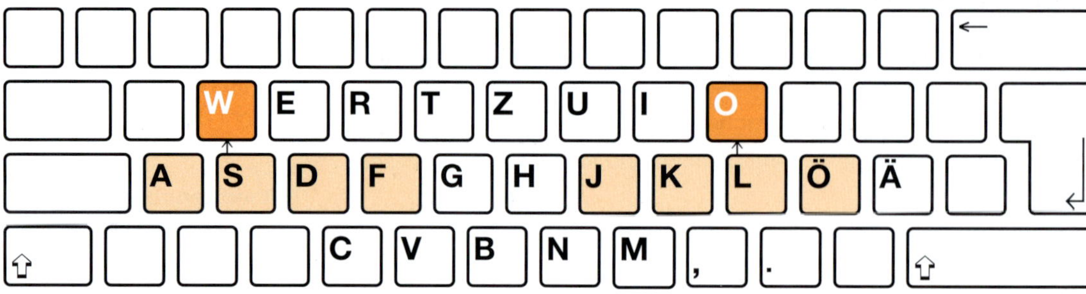

Einführung

	Ringfinger links vom **s** zum **w** und zurück = **sws**	Ringfinger rechts vom **l** zum **o** und zurück = **lol**
3	sss sws sws sws wsw wsw wsw w	lll lol lol lol olo olo olo o
4	swsa swsd swsf swsa swsd swsf	lolö lolk lolj lolö lolk lolj
5	w wal weg wie wei wid waf wag	o olf olg log sol los kol lok
6	w wil wul wer wic was wuc wir	o rol lor dol fol lof ros ort
7	we we wei wei weit weit weite	fo fo fol fol folg folg folge
8	ew ew ewi ewi ewig ewig ewige	vo vo vol vol voll voll volle

Anwendung **Konzentriere dich auf deine Arbeit!**

9 was was was los los los was was was los los los was was was
10 was was los los was was los los was was los los was was los
11 was los was los was los was los was los was los was los was

12 wie war wird weit weise welch werde wieder zwingen schwinge
13 von oft oder doch lohnt schon folge worden konnten monotone
14 wir was ohne noch wurde komme volle werden weniges zwecklos

15 Widerstand, Widerstreben, Widerlichkeit, Widerwärtigkeiten.
16 Wiederwahl, Wiederaufbau, Wiederschauen, Wiederherstellung.
17 Widerstand, Wiederaufbau, Widerlichkeit, Wiederherstellung.

18 Offenheit, Offenbarungen, Offenbarungseid, Offenherzigkeit.
19 Ohne Otto, von Offenburg, die Osterferien, solche Offerten.
20 Zum Wohle, welche Zeiten, monotone Lieder, zwecklose Worte.

Gymnastische Übungen 1, 5, 7 und 10

Reinschrift A

21 Otto arbeitet in Oberstdorf. Der Oberlehrer wurde geachtet.
22 Wir erwarteten den Widerruf. Wir erwarten die Wiederholung.
23 Die Werbung wird wiederholt. Von Osten nach Westen wandern.

24 Wolf wohnte in Oberammergau. Otmar wäre in Oldenburg tätig.
25 Wir wollen sofort mitkommen. Toni bucht seine Sommerferien.
26 Wir wollten ihn informieren. Sein Vortrag war sehr monoton.

27 Fischers Fritz fischt frische Fische. Frische Fische fischt
28 Also lautet der Beschluss, dass der Mensch was lernen muss.
29 Lernen kann man, Gott sei Dank, aber auch sein Leben lang. W. Busch

Die manuelle Silbentrennung

Häufigkeitswörter

30 wie wir welche wieder weil warum will worden weiter welchem
31 noch oder doch vor schon vom wo ohne wohl sondern ob worden

Die manuelle Silbentrennung

Wenn du der automatischen Silbentrennung misstraust, dann wähle doch einfach die manuelle Silbentrennung.

Klicke im Dialogfenster **Silbentrennung** auf die Schaltfläche **manuell.** Nun fragt dich Word, ob du mit dem Trennvorschlag zufrieden bist. Klicke auf »Ja«, wenn du die Trennung so übernehmen willst oder korrigiere mit den Pfeiltasten.

Urinstinkt Ur-instinkt aber nicht Urin-stinkt.

Spargelder Spar-gelder aber nicht Spargel-der.

Geläufigkeitsübung

32 wo wozu woran worin wobei womit wovon woher wonach worunter
33 Wenn wir wiederkommen, werden wir wohl auch wieder wandern.

34 So sogar somit sofort sowohl soviel soweit solange sogleich
35 So zogen alle von Ort zu Ort. Was man schreibt, das bleibt.

36 Wer rastet, der rostet, wir aber wollen weiter vorankommen.
37 Diese Motorboote werden wir sofort nach London verschiffen.

Vertiefung

38 sondern weil welcher waren weiter also soll wegen will zwei
39 etwas weit zwischen welches hervor weg weit wider hold noch
40 wollen sollte konnte wurden gewesen dort kommt solche wegen

41 Schon vor Wochen sollten die Motorboote zum Verkauf kommen.
42 Die Waren werden im Zweigwerk in Wilhelmshaven hergestellt.
43 Schon sehr oft ist Oskar Wollenberger in Oldenburg gewesen.

44 Du willst rasch vorankommen. Dies ist absolut verständlich.
45 Solange du selten Fehler machst, ist auch alles in Ordnung.
46 Wer viele Fehler macht, der schreibt meist auch zu schnell.

Anschläge

47 Auf einen leichten, kurzen, federnden Anschlag kommt es an. 61
48 Weil die Ringfinger steif sind, solltest du sie trainieren. 61
49 So wirst du schon bald die nötige Sicherheit erlangt haben. 61

Reinschrift B

Die Leerzeilen wurden nur gemacht, damit du den Text mit den Augen besser verfolgen kannst. Bei der Reinschrift darfst du die Leerzeilen weglassen.

50 Die Finger der Hand sind nicht gleich in der Beweglichkeit. 63
51 Du solltest deswegen die Griffe, die mit den Ringfingern zu 125
52 greifen sind, besonders oft und gewissenhaft schreiben. Die 185

53 Ringfinger sind nun mal steifer als die anderen Finger, sie 246
54 sind nämlich nach beiden Seiten durch Sehnen verbunden. Das 308
55 wirkt sich recht nachteilig auf die Bewegungsfreiheit sowie 368

56 den Anschlag aus. Hier hilft nur dein sorgfältiges Arbeiten 430
57 und stetes Training. Nimm dir also Zeit, und erst wenn eine 492
58 alte Aufgabe ohne Stocken läuft, dann beginn mit der neuen. 553

11. Übung x und ü

<<< Wiederholung

1 Wir werden mit Otto und Wolfgang in Wien bei Oliver wohnen.
2 Er wird wohl in wenigen Wochen diese Wanderung wiederholen.

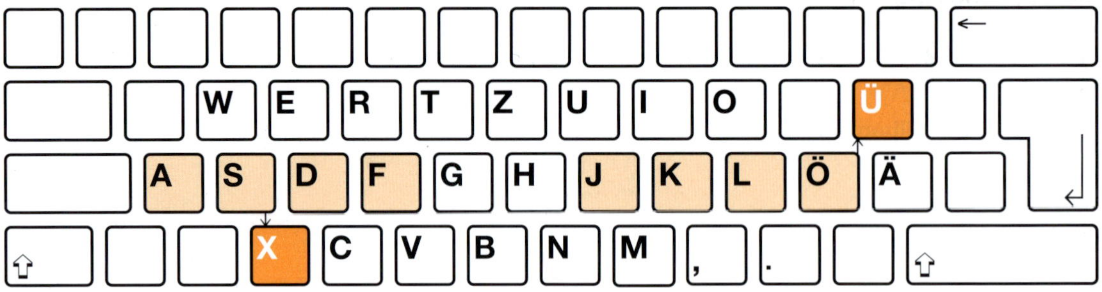

Einführung

Ringfinger links vom **s** zum **x** und zurück = **sxs** | Kleiner Finger rechts vom **ö** zum **ü** und zurück = **öüö**

3 sss sxs sxs sxs xsx xsx xsx x | ööö öüö öüö öüö üöü üöü üöü ü
4 sxsa sxsd sxsf sxsa sxsd sxsf | öüöj öüök öüöl öüöj öüök öüöl

5 x xan xav lux fax fox exa ext | ü küh füg rüg lüg tüt müh rüh
6 x tex lex rex lix xik xem xum | ü übe rüb bür kür mür ühr rüc

7 xt xt ext ext text text texte | üb üb übt übt übte übte übten
8 ex ex ext ext extr extr extra | wü wü wür wür würd würd würde

Anwendung Wenn du langsam schreibst, gelingen dir auch schwierigere Griffe.

9 fix. fix. fix. rüge rüge rüge fix. fix. fix. rüge rüge rüge
10 fix. fix. rüge rüge fix. fix. rüge rüge fix. fix. rüge rüge
11 fix. rüge fix. rüge fix. rüge fix. rüge fix. rüge fix. rüge

12 kühl kühl kühl füge füge füge rüge rüge rüge kühl kühl kühl
13 üben üben üben lüge lüge lüge übet übet übet üben üben üben
14 kühl üben füge lüge rüge übet kühl üben füge lüge rüge übet

15 Xaver, Text, Alexander, Exaktheit, Texthandbuch, Luxemburg.
16 Übung, Übel, Überblick, Überdruck, Überstellung, Übernahme.
17 Xaver, Übel, Alexander, Überdruck, Texthandbuch, Übernahme.

18 Max Sommer jun., Alex Winter sen., Xaver Übersberger Nachf.
19 Gebrüder Murxer, Rüdiger Übele KG, Max Rixinger, Überlingen
20 Felix Mühlbauer, für Max und Alex, Alexander Rex, Luxemburg

Gymnastische Übungen 2, 3, 4 und 10

Reinschrift A

21 Mit Mühe. In Hülle und Fülle. In der Kürze liegt die Würze.
22 Der Text. Die Texte erklären. Für ihn die Texte übersetzen.
23 Die Lüge. Wehe dem, der lügt. Lügen haben sehr kurze Beine.

24 Rüdiger fährt in der nächsten Zeit für uns nach Überlingen.
25 Felix suchte im Lexikon die Einwohnerzahl der Stadt Xanten.
26 Alex wurde im Boxwettbewerb gegen den Mexikaner geschlagen.

27 Alexanders Examen werden jetzt auch in Luxemburg anerkannt.
28 Die Ruderregatta zwischen Oxford und Cambridge ist bekannt.
29 Alex hat ein Fixum, d. h., er bezieht ein festes Einkommen.

Den Zeilenabstand verändern

Häufigkeitswörter

30 für über würde müssen zurück würden natürlich darüber dafür
31 übrigens früher führen dürfen überall führt glücklich müsse

Den Zeilenabstand verändern

Willst du den Zeilenabstand verändern, dann markiere die betreffende Stelle und wähle **Format/Absatz.**

Stelle im Listenfeld den gewünschten Abstand ein, z. B.: Einfach
1,5 Zeilen oder
Doppelt

Bei Word 2007/2010
Register: Start
Gruppe: Absatz

1	1½	2
hier hier hier hier hier hier hier	hier hier hier hier hier	hier hier hier hier
einzeilig	1½-zeilig	2-zeilig

Geläufigkeitsübung

32 übe über üben übet fühle kühle drüben rücken bücken drücken
33 Wir würden hierfür wieder das Übersetzungsbüro beauftragen.

34 Existenz Existenzen existieren existenziell Existenzminimum
35 Manche Existenz garantiert gerade noch das Existenzminimum.

36 Text, Textil, Textilhandel, in einer Textilfabrik arbeiten.
37 Maschinenschreiben ist die Grundstufe der Textverarbeitung.

Vertiefung

38 würden müssen zurück würden müssen zurück würden glücklich,
39 führte rücken üblich führte rücken üblich führte fühlbarer,
40 fühlen kühlen klüger fühlen kühler klüger fühlen rückwärts.

41 Übung, Überlegung, aus Überzeugung, Übermut tut selten gut.
42 Xaver, das Examen, Texte für Xaver, Xaver macht das Examen.
43 Glück, viel Glück, im Examen Glück, herzliche Glückwünsche.

Schreibe 1½-zeilig — Anschläge

44 In den meisten Fällen werden Fehler bereits bei der Eingabe 64
45 bemerkt und gleich korrigiert. Dies kann durch Löschen oder 126
46 Einfügen geschehen. Man nennt diese Arbeit Sofortkorrektur. 189

Reinschrift B **Zunächst jede Zeile dreimal, dann den ganzen Text abschreiben!**

47 Es gibt eine ganze Reihe von Menschen, denen fast alles, was 64
48 sie in Angriff nehmen, gelingt. Es ist kein Wunder, dass man 128
49 sie beneidet. Doch sie unterscheiden sich meist nur in einem 190
50 von den anderen, sie konzentrieren sich besser auf ihr Ziel. 252

51 Manchen wird diese Fähigkeit schon in die Wiege gelegt. Doch 317
52 das sind Ausnahmen. Sich konzentrieren zu können, muss meist 380
53 erst erlernt und dann auch immer weiter geübt werden, da wir 441
54 doch durch so vielerlei Dinge immer wieder abgelenkt werden. 503

55 Nimm dir einfach vor, das Tastschreiben richtig zu erlernen. 568
56 Konzentriere dich und verzichte auf alles, was dich ablenken 633
57 könnte. Das ist keine Sturheit, sondern der einzig sinnvolle 696
58 Weg, den viele vor dir beschritten und der zum Erfolg führt. 759

q und p

<<< Wiederholung

1 Die Firma Kühne aus Xanten bestellt mit Telex oder Telefax.
2 Sie müssen solch günstige Angebote künftig früher annehmen.

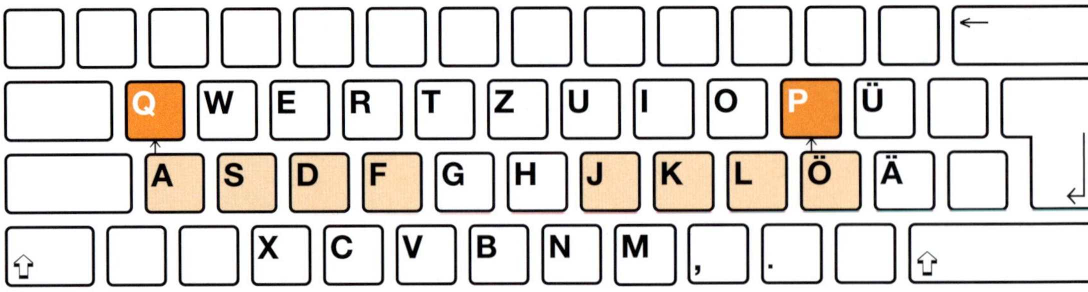

Einführung

Kleiner Finger links vom **a** zum **q** und zurück = **aqa** | Kleiner Finger rechts vom **ö** zum **p** und zurück = **öpö**

3 aaa aqa aqa aqa qaq qaq qaq q | ööö öpö öpö öpö pöp pöp pöp p
4 aqaf aqad aqas aqaf aqad aqas | öpöj öpök öpöl öpöj öpök öpöl

5 q que qua qui quo aqu beq equ | p per pal pas par pul pil pol
6 q qui quo qua que beq aqu equ | p spa spe spi spo spr spä spü

7 qu qu que que quer quer quere | sp sp spa spa spar spar spare
8 qu qu quä quä quäl quäl quäle | pr pr prü prü prüf prüf prüfe

Anwendung Achte auf einen gleichmäßigen Anschlag!

9 quere quere quere spare spare spare quere quere quere spare
10 quere quere spare spare quere quere spare spare quere quere
11 quere spare quere spare quere spare quere spare quere spare

12 prüfe prüfen prüften geprüft Prüffeld Prüfungen Überprüfung
13 Quart Quarta Quartal Quarten Quartett Quartaner Quartformat
14 quitt Quelle empfand Impfung Computer Aquarelle Quecksilber

15 quitt, quittiere, die Rechnung quittieren, die Quacksalber,
16 Preis, preiswert, diese preiswerte Quelle, Preiserhöhungen,
17 prüfe, Prüflinge, die Quittung überprüfen, Prüfungsaufsatz,

18 Er käme ihm noch in die Quere. Auf einer Querflöte spielen.
19 Er würde das Quadrat zeichnen. Die Quelle hat ihn erquickt.
20 Die Preisliste ist nun gültig. Die Praxis wird geschlossen.

Gymnastische Übungen 3, 4, 7 und 9

Reinschrift A

21 Ein paar Kinderschuhe, ein Paar Kinderschuhe, papperlapapp.
22 Drei Paprikaschnitzel, die Pappplakatwerbung, Pappenheimer.
23 Ihn wieder aufpäppeln, drei Bogen Packpapier, Pappelalleen.

24 Ihre Papierwaren sind qualitativ immer einwandfrei gewesen.
25 Der Quecksilberpreis ist im letzten Quartal sehr gestiegen.
26 Die Firma Boppel wird die Quittung nach Quedlinburg senden.

27 Die Oppositionspartei löste die parteipolitischen Probleme.
28 Durch Erhöhung des Portos sind die Kosten sehr angestiegen.
29 Wir liefern seit Jahren praktische Waren an Endverbraucher.

Veränderung der Zeilenlänge

Häufigkeitswörter

30 Paragraf überhaupt Beispiel Sprachen sprechen Prozent Platz
31 Körper Person plötzlich Paar Preis politisch Spitze Prüfung

Veränderung der Zeilenlänge – Texte formatieren

Durch den linken und den rechten Rand wird die Zeilenlänge bestimmt. Über das Menü **Datei – Seite einrichten** können die Ränder eingestellt und als **Standardeinstellung** definiert werden. Erfasse folgenden Text in Courier 12 mit einem linken Rand von 2,5 und einem rechten Rand von 6,0 cm. Ändere anschließend den rechten Rand, indem du 8 cm eingibst. Du kannst auch den Cursor auf dem Zeilenlineal nach rechts an die Stelle führen, die den eingegebenen Rand anzeigt. Es erscheint ein Doppelpfeil (⟷) und die eingeblendete Aufschrift »Rechter Seitenrand«. Verschiebe dann mit gedrückter linker Maustaste den Doppelpfeil in der gewünschten Richtung.

Ränder 2,5 und 6,0 cm

Jeder am Computer erfasste Text kann nachträglich
verändert werden. So können z. B. die Ränder und
somit das Aussehen des Textes umgestaltet werden.

Ränder 2,5 und 8,0 cm

Jeder am Computer erfasste Text kann
nachträglich verändert werden. So können
z. B. die Ränder und somit das Aussehen
des Textes umgestaltet werden.

Geläufigkeitsübung

32 spare sparen Sparer Sparbuch, sie sparen bei der Sparkasse.
33 Bei der Bank oder Sparkasse unterhalten viele ein Sparbuch.

34 Preis Preise preiswert Preislage Preisstopp Preisverleihung
35 Wir halten die Preise niedrig, damit alle preiswert kaufen.

36 quer quere queren Querkopf Querulant querfeldein Querschlag
37 Als Querulanten bezeichnet man einen Nörgler oder Quengler.

Vertiefung

38 quere queren qequert Überquerung Querfeldeinlauf Querschlag
39 Preis Preise preisen preiswerter preisgünstige Preisgefälle
40 Quell Quelle Quellen Quellwasser Quellenangabe Quellgebiete

41 Quirl bequem Portugal Paderborn Quintanerin undiszipliniert
42 Paare Pappen Quartier Quintaner Papierwaren disqualifiziert
43 Quark Papier Quartett umkippbar Quellwasser Querfeldeinlauf

44 Sie exportiert nach Portugal. Der Exporteur quittierte das.
45 Sie änderten alle Paragrafen. Exquisit bedeutet ausgesucht.
46 Die Quoten stehen schon fest. Der Experte entschied anders.

Anschläge

47 Du kannst das Aussehen eines Dokumentes verbessern, wenn du 64
48 für den ganzen Text oder Teile davon die Schriftart änderst 126
49 und zum Beispiel statt der Schriftart Courier Arial wählst. 186

Reinschrift B Zunächst jede Zeile dreimal, dann den ganzen Text abschreiben!

50 Nur wer gelernt hat, stets für den notwendigen Wechsel, für 62
51 den Ausgleich zwischen Spannung und Entspannung, zu sorgen, 125
52 der wird gefährliche Erschöpfungen vermeiden. Eine zu lange 187
53 anhaltende Hochspannung, dies ist das Übel in unserer Zeit. 250

54 Viele der Beschwerden und Schmerzen, Schlafstörungen, sogar 314
55 Krankheiten, das sind die Folgen ungelöster seelischer oder 376
56 auch körperlicher Verkrampfungen. Jeder strapazierte Muskel 439
57 in unserem Körper braucht ab und zu angemessene Ruhepausen. 501

58 Unser Gehirn, das alle Lebensvorgänge in unserem Organismus 565
59 zu steuern hat, bedarf keiner geringeren Erholung. Nur wenn 627
60 wir uns möglichst frühzeitig entspannen, dann werden wir in 687
61 kurzer Zeit wieder voll in Form sein und uns konzentrieren. 748

13. Übung y und -

<<< Wiederholung

prüfe, prüfen, die Prüfung, quer, überqueren, in die Quere.
Der Quecksilberpreis ist im letzten Quartal sehr gestiegen.

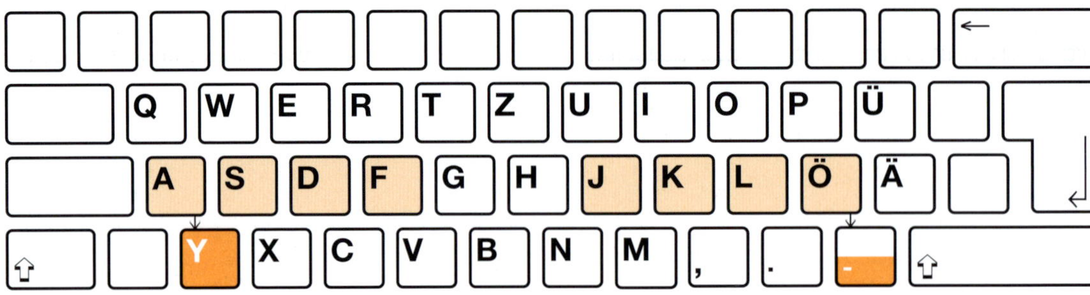

Einführung

Kleiner Finger links vom **a** zum **y** und zurück = **aya**	Kleiner Finger rechts vom **ö** zum **-** und zurück = **ö-ö**
aaa aya aya aya yay yay yay y	ööö ö-ö ö-ö ö-ö -ö- -ö- -ö- ö
ayaf ayad ayas ayaf ayad ayas	ö-öj ö-ök ö-öl ö-öj ö-ök ö-öl
y loy bay zyl hyp sym syn psy	- nö- rö- gö- lö- kö- mö- tö-
y typ ype ypr oly yvo yok yog	- tä- tü- pö- bö- vä- zä- nä-
oy oy loy loy loya loya loyal	- ö- ö- nö- nö- nöti- nötiger
Ty Ty Typ Typ Type Type Typen	- ü- ü- gü- gü- güti- gütiger

Anwendung

loyal loyal loyal typisch typisch typisch loyal loyal loyal
loyal loyal typisch typisch loyal loyal typisch typisch ty-
pisch typisch loyal typisch loyal typisch loyal typisch Typ

Die Worttrennung - früher Silbentrennung genannt - muss im-
mer dann vorgenommen werden, wenn ein Wort nicht mehr voll-
ständig in einer einzelnen Zeile untergebracht werden kann.

Einfache Wörter werden nach Sprechsilben getrennt, und zwar
so, wie sie sich beim langsamen Vorlesen ergeben. Es dürfen
jedoch nie einzelne Vokalbuchstaben für sich allein stehen.

Das frühere Verbot der Trennung von st gilt nicht mehr. Os-
tern, bas- teln, er brems- te. Die Konsonantenverbindung ck
bleibt ungetrennt. Zu- cker, ba- cken, Zwi- ckau, le- cker.

Gymnastische Übungen 2, 7, 9 und 10

In der folgenden Übung sind die Erklärungen drucheinander geraten. Ordne die richtigen Erklärungen den richtigen Begriffen zu.

City	Höhere Schule	....
Tyrann	Deckname	....
Gymnasium	Gewaltherrscher	....
loyal	Schlafanzug	....
Pyjama	Beruf	....
Pseudonym	redlich	....
Stenotypistin	Innenstadt	....

Vom Flattersatz zum Blocksatz

Häufigkeitswörter

21 die der und in zu den das nicht von sie ist des sich mit dem
22 aus er es ein ich auf so eine auch als an nach wie für durch

Bei der Texterfassung entfällt das Zeilenschalten. Es entsteht der Flattersatz (siehe Abb. Mitte). Durch Silbentrennung verringert sich der Flattersatz am rechten Rand. Du kannst die Silbentrennung automatisch bei der Texteingabe oder nachträglich durchführen. Wähle im Register **Seitenlayout – Seite einrichten – Silbentrennung**. Wenn du dich für **Manuell** entschieden hast, schlägt Word eine Trennung vor. Wünschst du die Trennung an anderer Stelle, dann verschiebe den Trenncursor mit der Maus oder den Pfeiltasten.

Flattersatz

(Ränder: 2,4 und 10,9 cm)

Ein modernes
Textverarbeitungsprogramm
schaltet automatisch in eine
neue Zeile, wenn ein Wort
nicht mehr in einer Zeile
untergebracht werden kann. Es
entsteht der Flattersatz. Er
sieht nicht besonders schön
aus. Das ändert sich, wenn man
in den Blocksatz umformatiert.

Blocksatz mit Silbentrennung

(Vergleiche Flattersatz mit Blocksatz)

Ein modernes Textverarbei-
tungsprogramm schaltet automa-
tisch in eine neue Zeile, wenn
ein Wort nicht mehr in einer
Zeile untergebracht werden
kann. Es entsteht der Flatter-
satz. Er sieht nicht besonders
schön aus. Das ändert sich,
wenn man in den Blocksatz um-
formatiert.

Geläufigkeitsübung

23 Viele Besucher der Bayreuther Festspiele kamen aus New York.
24 Aus New York kamen viele Besucher der Bayreuther Festspiele.

25 Zu den Olympischen Spielen treffen sich die Besten der Welt.
26 Die Besten der Welt treffen sich zu den Olympischen Spielen.

27 Der synthetische Kautschuk - Buna - wurde weiter verbessert.
28 Buna - der synthetische Kautschuk - wurde weiter verbessert.

Vertiefung

29 Gemeindegrundsteuer-Veranlagung, Druck-Erzeugnis, Tee-Ernte,
30 Haftpflicht-Versicherungsgesellschaft, das Juli-August-Heft,
31 Donau-Dampfschifffahrtsgesellschaft, der Dortmund-Ems-Kanal.

32 Schulanfang und -ende, Ein- und Ausfahrt, drei- bis viermal,
33 Feld- und Gartenbaumaschinen, ihre Garten- und Campingmöbel,
34 der Warenein- und -ausgang, Damenober- und -unterbekleidung.

35 Wir stehen immer - auch feiertags - gern zu Diensten bereit.
36 Yvonne unternahm - im Gegensatz zu Lydia - sehr gern Reisen.
37 Der D-Zug Hamburg - Hannover - Kassel bekam soeben Einfahrt.

Anwendung des Mittelstrichs in den Zeilen 29 – 31 als Bindestrich
in den Zeilen 32 – 34 als Ergänzungsstrich (Ersatzstrich)
in den Zeilen 35/36 als Gedankenstrich
in Zeile 37 als Streckenstrich

Reinschrift

Anschläge

38 Der Strich, der in der unteren Tastenreihe liegt und der mit 64
39 dem rechten kleinen Finger anzuschlagen ist, wird als Mitte- 127
40 strich bezeichnet, weil er etwa in der Mitte der Buchstaben- 190
41 höhe steht. Am Ende der Zeile, wenn ein Wort getrennt werden 255

42 soll, steht er als Worttrennungsstrich eng hinter dem ersten 317
43 Wortteil. In Wortzusammensetzungen dient er als Bindestrich. 382
44 Da er zwei Wortteile verbinden soll, wird vorher und hinter- 445
45 her kein Leerzeichen gelassen. Auch als Ersatzstrich wird er 509

46 eng an das geschriebene Wort gesetzt. Anders ist es beim Ge- 573
47 dankenstrich. Er soll eine Pause andeuten und die wird durch 636
48 ein Leerzeichen vor und nach dem Gedankenstrich dargestellt. 699
49 Zum Unterstreichen verwendet man den Unterstreichungsstrich. 762

ß und ?

<<< Wiederholung

1 Bay- reuth, bay- risch, Hy- po- thek, sys- te- ma- ti- sche
2 Yvonne ging - im Gegensatz zu Lydia - sehr gern auf Reisen.

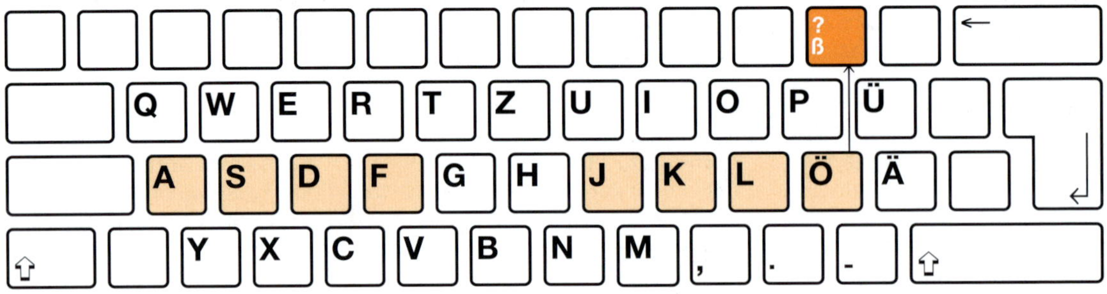

Einführung ß

Kleiner Finger rechts vom **ö** in die Zifferntastenreihe zum **ß** und zurück = **ößö**

3 ößöj ößöj ößöj ößök ößök ößök ößöl ößöl ößöl ößöj ößök ößöl
4 groß groß groß heiß heiß heiß weiß weiß weiß groß heiß weiß

5 öäöj öüöj ößöj öäök öüök ößök öäöl öüöl ößöl öäöj öüök ößöl
6 läge kühl groß läge kühl groß läge kühl groß läge kühl groß

7 groß, größer, am größten, heiß, heißer, die heißesten Tage.
8 Gruß, grüßen, begrüßen, mit freundlichen Grüßen, Begrüßung.

Anwendung Das oder dass? Für »das« kann man auch »dieses« oder »welches« sagen, für »dass« nicht.

9 Für den stimmlosen s-Laut nach langem Vokal oder Doppellaut
10 schreibt man ß. Mit freundlichen Grüßen, groß, beißen, Maß.
11 Nach kurzem Vokal schreibt man ss. Fluss, Kuss, Bass, muss.

12 Wir müssen mit Maßen essen und dürfen keine Massen fressen.
13 Er weiß, dass er nichts wisse, so sagte einstmals Sokrates.
14 Ute aß bloß ein bisschen von den süßen, heißen Grießklößen.

15 Es gibt aber wieder Ausnahmen. So schreibt man aus, heraus.
16 Fehlt das ß auf der Tastatur einer Schreibmaschine, so kann
17 man ss schreiben. Dies gilt auch für jede GROSS-SCHREIBUNG.

18 Ich weiß, dass das Haus, das abbrannte, nun aufgebaut wird.
19 Im Juni, das ist nach meinem Examen, hole ich mir den Pass.
20 Sie weiß, dass er bis zum Zeugnis noch fleißig lernen muss.

Reinschrift A

Anschl

1 Fehler 1362 Anschläge (1)

21 Du hast inzwischen alle Buchstaben des Tastenfeldes erlernt 62
22 und es gilt weiter fleißig zu üben, damit das Erlernte noch 123
23 sicherer wird. Lass dir die Mühe nicht verdrießen, auch die 185
24 letzten Übungen gründlich und im Takt zu schreiben, denn es 247

25 darf nicht sein, dass auch ein Anfänger versucht, die meist 308
26 noch unsicheren Finger mit den Augen zu unterstützen. Etwas 371
27 Überwindung ist notwendig, dann lässt sich auch ein Schüler 433
28 nicht verleiten, diesem Hang zu folgen. Allmählich erreicht 495

29 er Griffsicherheit, die gewünschte Geschwindigkeit wird von 557
30 selbst erreicht, es wächst die Freude am Tastschreiben. Und 620
31 wenn du dann noch alle Ziffern und Zeichen sicher schreiben 682
32 kannst, dann wirst du auch stolz auf deine Leistungen sein. 742

Absätze löschen – verschieben – kopieren

Häufigkeitswörter

33 das dass muss musste müssen müsste lassen lässt Einfluss aus
34 außer außerdem groß größer größere größeren schließlich Gruß

Textteil löschen:
Textteil markieren und **Entf** betätigen. Der Text ist endgültig gelöscht.

Textteil verschieben:
Markieren – Symbol für Ausschneiden anklicken. Cursor an Einfügestelle bringen, anklicken und Symbol Einfügen anklicken.

Textteil kopieren:
Markieren – Symbol für Kopieren anklicken. Cursor an Einfügestelle bringen, anklicken und Symbol Einfügen anklicken.

Absatz löschen

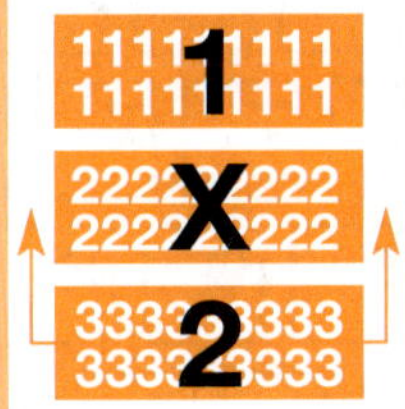

Absatz verschieben

Absatz kopieren

Einführung ?

Kleiner Finger rechts vom **ö** in die Zifferntastenreihe zum **?** (ß mit Umschaltung) und zurück = **ö?ö**

35 ößö ö?ö ö?öj ö?öj ö?ök ö?ök ö?öl ö?öl ö?öj ö?ök ö?öl ö?ö ößö
36 Wer kommt mit? Wer wird es wagen? Wann kommen wir in Ulm an?

37 Bis wann könnten Sie antworten? Bis wann kommt Ihre Antwort?
38 Wer wird sich darüber aufregen? Wird er denn nie vernünftig?

39 Warum? Weshalb? Weswegen? Warum? Weshalb? Weswegen? Weshalb?
40 Warum entschließen Sie sich nicht, unser Angebot anzunehmen?

Anwendung

41 Das Fragezeichen steht nach dem direkten Fragesatz, es steht
42 aber auch nach Fragewörtern, die allein oder innerhalb eines
43 Satzes stehen. Auf den indirekten Fragesatz folgt ein Punkt.

44 Kann die Kundin mit der baldigen Lieferung der Ware rechnen?
45 Sie will wissen, ob sie mit baldiger Lieferung rechnen kann.
46 Wo? Wozu? Woher? Wohin? Wovon? Worin? Woran? Womit? Weshalb?

47 Reden ist Silber, Schweigen ist Gold. Werden alle schweigen?
48 Dein Vertrauen wird belohnt. Könnten wir ihr auch vertrauen?
49 Erreicht er durch Sparen sein Ziel? Ich will fleißig sparen.

50 Kann unser Jüngster mitkommen? Spielte sein jüngster Bruder?
51 Ist Heinz immer der Erste gewesen? Der erste Mann im Staate.
52 Denkt er nur ans Verdienen? Wird Werner recht gut verdienen?

Reinschrift B

Anschläge

53 Leider kann niemand sicher sein, dass er nicht irgendwann ein- 64
54 mal mit Drogen in Berührung kommt. Die Verführung, Drogen zu 128
55 nehmen, kann in völlig harmlos wirkenden Situationen erfolgen. 190
56 Die Entscheidung fällt meist zu einem Zeitpunkt, in dem man 252

57 nicht damit rechnet. Deshalb ist eine Beschäftigung mit der 317
58 Gefahr, die ein Drogenkonsum bringt, rechtzeitig vorher nötig. 380
59 Wer sich über die Wirkung der Drogen Gedanken gemacht hat, der 441
60 wird es ablehnen, auch nur einen Versuch zu machen. Lieber mal 503

61 einen falschen Freund verlieren, als nachgeben und probieren. 568
62 Es gibt Rauschgifte, bei denen es kein Probierstadium gibt. 633
63 Bei Heroin wird das jedem einleuchten. Aber auch das Probieren 696
64 von Haschisch ist nicht harmlos, es kann böse Folgen haben. 759

15. Übung ; : _

<<< Wiederholung

1 Ute aß bloß ein bisschen von den süßen, heißen Grießklößen.
2 Wer weiß es? Wer war größer? Wer nahm Maß? Wer ließ grüßen?

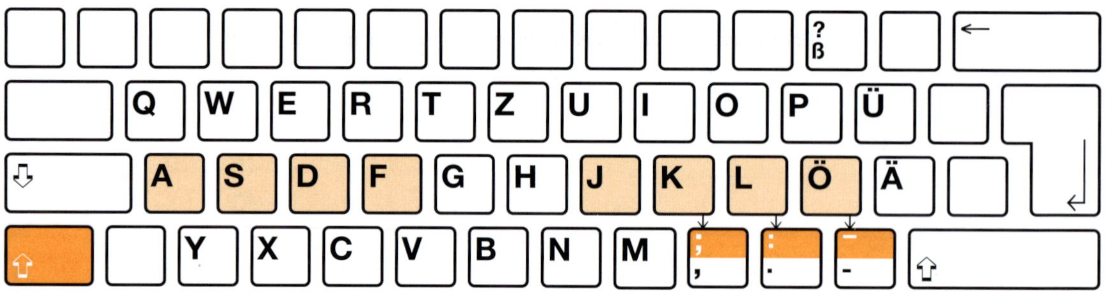

Einführung

Mittelfinger rechts vom **k** zum **;** (Komma mit Umschaltung) und zurück = **k;k**
Ringfinger rechts vom **l** zum **:** (Punkt mit Umschaltung) und zurück = **l:l**
Kl. Finger rechts vom **ö** zum **–** (Mittestrich mit Umschaltung) und zurück = **ö–ö**

3 k;kj k;kj k;kj k;kl k;kl k;kl k;kö k;kö k;kö k;kj k;kl k;kö
4 Ute, Eva; Leo, Udo. Ute, Eva; Leo, Udo. Ute, Eva; Leo, Udo.

5 l:lj l:lj l:lj l:lk l:lk l:lk l:lö l:lö l:lö l:lj l:lk l:lö
6 Beachte: Merke: Beispiele: Größe: Ergebnis: Verkaufspreise:

7 ö_öj ö_öj ö_öj ö_ök ö_ök ö_ök ö_öl ö_öl ö_öl ö_öj ö_ök ö_öl
8 Das Unterstreichen im Text wird auf der Folgeseite erklärt.

Anwendung

Beim Schreiben am Computer kann während des Schreibens oder nachträglich unterstrichen werden. Wird *sofort* unterstrichen, muss am Beginn der Unterstreichung der Befehl zum Unterstreichen, am Ende der Unterstreichung der Befehl für die Normalschrift eingegeben werden. Beim nachträglichen Unterstreichen muss der Text vorher markiert werden.

9 Trennt ein Punkt zu stark oder trennt ein Komma zu schwach,
10 so wird ein Semikolon geschrieben. Das Semikolon steht sehr
11 oft vor den Bindewörtern denn, doch, deshalb, deswegen usw.

12 Wir mussten das Handballspiel beenden; denn es wurde Nacht.
13 Die Sache ist erledigt; darum wollen wir sie nun vergessen.
14 Du kannst fahren; doch besser wäre es, du bliebst im Hause.

15 In diesem fruchtbaren Lande wachsen Roggen, Gerste, Weizen;
16 Kirschen, Pflaumen, Äpfel; Tabak und Hopfen; ferner wachsen
17 dort noch die verschiedensten Arten von wertvollen Hölzern.

18 Der Doppelpunkt macht aufmerksam auf das, was folgt. So hat
19 er die Aufgabe, einen Satz oder ein Satzstück, die den Text
20 einleiten oder ankündigen, optisch vom Folgenden abzuheben.

21 Ein Sprichwort heißt: Der Apfel fällt nicht weit vom Stamm.
22 Deutsch: gut; Mathematik: befriedigend; Englisch: sehr gut.
23 Das Jahr hat zwölf Monate: Januar, Februar, März, April ...

24 Hervorgehoben wird z. B. durch Unterstreichen. Es sind auch
25 andere Hervorhebungen möglich. So werden durch die Änderung
26 von Schriftgröße oder der Schriftart Stellen hervorgehoben.

27 Hervorzuhebender Text kann auch durch Einrücken, Zentrieren
28 oder Großbuchstaben kenntlich gemacht werden. Das Setzen in
29 Anführungszeichen aber auch der Farbwechsel sind anwendbar.

Der Umschaltfeststeller – Hervorhebungen – Unterstreichen – Großbuchstaben

Häufigkeitswörter

30 die der und in zu den das nicht von sie ist des sich mit dem
31 dass er es ein ich auf so eine auch als an nach wie im wurde

Der Umschaltfeststeller

Der Umschaltfeststeller, der am PC auch Caps Lock genannt wird, ist vornehmlich eine Hilfe beim Schreiben von mehreren unmittelbar aufeinanderfolgenden Großbuchstaben.

Der linke kleine Finger drückt den Umschaltfeststeller (Caps Lock) kurz nieder. – Ein erneuter Druck auf einen der beiden Umschalter löst die Einstellung wieder.

Das Unterstreichen erfolgt wie im Kasten rechts beschrieben. Für Fett und Kursiv sind deren Symbole einzugeben.

Das Unterstreichen gleich bei der Texterfassung:

1. Funktion einschalten. U
2. Text schreiben.
3. Funktion ausschalten.

Bei nachträglichem Unterstreichen am PC muss der Text vor der Befehlseingabe markiert werden.

Der Umschaltfeststeller Schreibe jeden Absatz fünfmal!

Anschläge

32 Der Umschaltfeststeller erleichtert das fortlaufende Schrei- 64
33 ben von Großbuchstaben. Beachte hierbei die GROSSSCHREIBUNG. 128

34 Wir bringen zur Frühjahrsmesse das Modell REGINA neu heraus. 66
35 Die Modelle HERBERT und GERHARD werden nicht mehr geliefert. 132

36 Sind die Modelle ULRIKE und ANGELIKA neu aufgenommen worden? 68
37 Die Schüler des FRIEDIRCH-LIST-GYMNASIUMS errangen den Sieg. 137

Hervorheben durch Unterstreichen Bei der Berechnung der Anschläge wurde der folgende Text ohne Unterstreichungen ausgezählt.

38 Eine gern benutzte Hervorhebungsart ist das Unterstreichen. 61
39 Das Unterstreichen beginnt unter dem ersten und endet unter 121
40 dem letzten Schriftzeichen eines hervorzuhebenden Textes. 179

41 Sind Teile eines Satzes oder ganze Sätze zu unterstreichen, 241
42 so werden selbstverständlich auch die zwischen zwei Wörtern 300
43 stehenden Zwischenräume mit unterstrichen. 343

44 Satzzeichen innerhalb einer Hervorhebung werden in die For- 405
45 matierung einbezogen, Satzzeichen am Ende nur, wenn sie in- 465
46 haltlich zum hervorzuhebenden Teil gehören. 508

Hervorheben durch Großbuchstaben

47 Einzelwörter und kurze Textstellen können durch Großbuchsta- 64
48 ben hervorgehoben werden. Machen Sie davon sparsam Gebrauch. 128
49 DIE GROSSBUCHSTABEN sind eine von vielen HERVORHEBUNGSARTEN. 193

50 Wenn nach der Hervorhebung durch Großbuchstaben anschließend 257
51 ein Satzzeichen folgt, ist der Umschaltfeststeller zu lösen: 321
52 Sind die Modelle ULRIKE, BÄRBEL und ANGELIKA noch lieferbar? 391

53 In längeren Wörtern wirkt das Großschreiben unübersichtlich. 455
54 Man nimmt es zum Hervorheben kurzer Firmen- und Markennamen: 521
55 BMW-Aktien, VW-Werkstatt, OPEL-Direkthändler, BASF, AEG, BBC 596

56 Sehr geehrter Herr Halberstadt, vor einigen Wochen kündigten 661
57 wir Ihnen das Nachschlagewerk DER WIRTSCHAFTSDIENST an. Gern 727
58 senden wir Ihnen dieses Buch zur Ansicht. Wann darf es sein? 792

16. Übung 4 § und 9)

<<< Wiederholung

1 Karl Otto May; aber: May, Karl Otto. Hans-Joachim Stadtmüller.
2 Unsere Vertreter für Bayern: Gregor Häßlein; Udo Hinterberger.

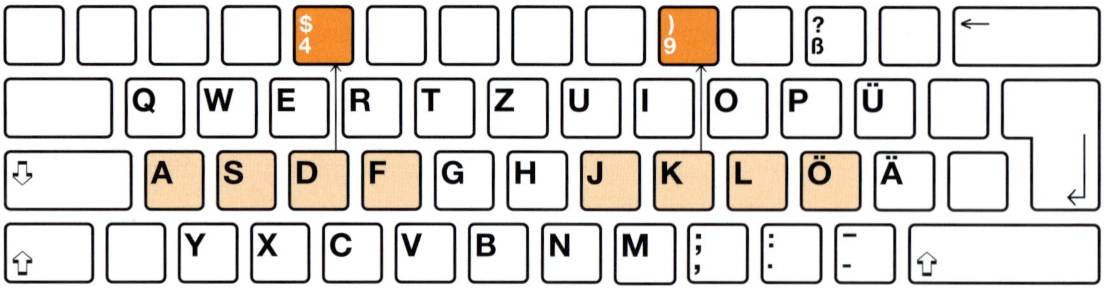

Einführung 4 und 9

Mittelfinger links vom **d** zur **4** und zurück = **d4d**

Mittelfinger rechts vom **k** zur **9** und zurück = **k9k**

3 d4da d4ds d4df f4d s4d a4d d4a d4s d4f dcded4d d4dedcd dc4cecd
4 4-fach, am 4. Dezember v. J., am 4. d. M., Robert-Koch-Str. 44

5 k9kö k9kl k9kj j9k l9k ö9k k9ö k9l k9j k,kik9k k9kik,k k,9,i,k
6 9 km, 99 Jahre alt, im 9. Jahr, am 9. Februar, Ahornstraße 9 b

7 Statt der richtigen Nummer 49 wurde irrtümlich 94 ausgedruckt.
8 Wir sind von der Ahornstraße 49 in den Birkenweg 94 umgezogen.

Zur Geläufigkeit

9 Nach Zahlen steht ein Leerzeichen: 49 Jahre, 94 Kilo, 49 Eier.
10 Aneinanderreihung durch Mittestrich: A4-Format, 9-Stunden-Tag.
11 Ein 4-Zylinder-Motor, 9-jährig, die 9-Jährigen, 4-fach belegt.

12 4 Diktate, 44 Damen, 444 Dosen, 9 Koffer, 99 Kinder, 999 Kilo.
13 4 Anlagen, 94 Liter, 949 Meter, 4 Bänder, 94 Wochen, 494 Paar.
14 4 Minuten, 49 Bogen, 499 Jahre, 4 Fächer, 99 Monate, 499 Tage.

15 Zahlen mit mehr als drei Stellen sollen gegliedert werden. Man
16 bildet dann Dreiergruppen, bei Zahlen mit Komma auch links und
17 rechts des Kommas: 494 949 Einwohner, 49 949,49 kg, 4,949 494.

18 Aus Sicherheitsgründen sollen insbesondere Geldbeträge mit dem
19 Punkt gegliedert werden: 4.949 EUR, 4.949,94 USD, 949.949 JPY.
20 Ihre Rechnung Nr. 9 über 4.994,94 EUR wird am 4. d. M. fällig.

21 Dezimale Teilungen sind immer mit einem Komma zu kennzeichnen.
22 Bei runden oder ungefähren Werten dürfen die fehlenden dezima-
23 len Werte entfallen: 9,44 EUR, 9,494 kg, 94,49 m; 9 EUR, 9 km.

Jahr und Tag

Ansch

24 Die Erde umkreist auf einer elliptischen Bahn in einem Jahr 64
25 die Sonne. Auf ihrer Bahn wird sie durch die Massenanziehung 129
26 der Sonne gehalten. Während der Bewegung in ihrer Bahn führt 194
27 die Erde gleichzeitig eine Drehung - eine Rotation - um die 257
28 eigene Achse aus. Diese Rotationsdauer bezeichnet man als 318
29 einen Tag, sie dient als Einheit für unsere Zeitmessung. 377

Das geschützte Leerzeichen

Häufigkeitswörter

30 für man aber aus durch wenn nur war noch bei hat wir was einen
31 mir wird sein welche sind oder um haben einer über ihm ihr uns

Das geschützte Leerzeichen

Da ein Computer nicht erkennen kann, dass z. B. zwischen einem Betrag und der Währungseinheit kein Zeilenumbruch erfolgen darf, muss man ihn zwingen, den Betrag und die Währungseinheit in eine Zeile zu bringen. Dies geschieht durch das geschützte Leerzeichen (°). – Gebe nach dem Betrag 494,94 die erforderliche Tastenkombination **Str** + ⇧ + **Leertaste** ein, es erscheint das Zeichen °. Schreibe dann die Währungseinheit EUR. Der Text sieht dann so aus: 494,94°EUR. Das Zeichen ° für das geschützte Leerzeichen wird nicht gedruckt.

falsch: ... in Höhe von 494,94
EUR

richtig: ... in Höhe von
494,94 EUR

Aufgabe:
Erfasse mit Rändern von 2,5 und 3,5 cm
a) ohne geschütztes Leerzeichen,
b) mit geschütztem Leerzeichen:
Bereits seit über 4 Wochen ist unsere Rechnung über 494,94 EUR zur Zahlung fällig.
Die Einwohnerzahl der Stadt ist im letzten Jahr auf 4 494 949 angewachsen.

Einführung $ und)

Mittelfinger links vom **d** zum **$** und zurück = **d$d**

Mittelfinger rechts vom **k** zur **)** und zurück = **k)k**

32 d$da d$ds d$df f$d s$d a$d d$a d$s d$f dcded$d d$dedcd dc$cecd
33 Preis: 99 $, Ertrag: 499 $. Unsere Rechnung lautet über 949 $.

34 k)kö k)kl k)kj j)k l)k ö)k k)ö k)l k)j k,kik)k k)kik,k k,),i,k
35 a) Standardbrief, b) Kompaktbrief, c) Großbrief, d) Maxibrief.

36 In Dollar zahlen; 4.949,94 $. Die Rechnung beträgt 9.494,49 $.
37 Wir begleichen Ihre Rechnung mit einem Scheck über 9.494,49 $.

Zur Geläufigkeit

38 Die Symbole für Währungseinheiten und Münzbezeichnungen stehen
39 im Allgemeinen hinter dem Betrag. Sie können aber im Zahlungs-
40 verkehr und im Rechnungswesen dem Betrag vorangestellt werden.

41 Dollar, Zeichen $, Währungseinheit a) USA, b) Kanada, c) Hong-
42 kong, d) Australien, e) Singapur, f) Liberia. $ 494 oder 494 $
43 Die internationale Schreibweise für Dollar: 494 USD, 4.949 CAD

Unsere Bäume

Anschläge

44 Unsere Bäume können wir in zwei Klassen einteilen: in Nadel- 65
45 hölzer, immergrüne Hölzer oder Weichhölzer genannt, und in 125
46 Laubhölzer, die man auch Harthölzer nennt. - Nadelhölzer be- 188
47 halten das ganze Jahr ihr immergrünes Aussehen, während die 249
48 Laubhölzer ihre Blätter im Herbst verlieren. Die bekanntesten 314

49 Nadelhölzer unserer Heimat sind die Fichte, die Tanne, die 377
50 Kiefer und die Lärche. Die Lärche allerdings lässt auch im 440
51 Herbst ihre Nadeln fallen, dafür sieht im Frühjahr ihr junges 506
52 Grün besonders schön aus. Viele Jahre hat man in reinen Mono- 572
53 kulturen reine Fichtenbestände aufgebaut, die zwar schnellen 636

54 wirtschaftlichen Nutzen brachten, dafür aber Orkanen weniger 697
55 Stand hielten als Mischwälder. Heute hat man daraus gelernt. 761
56 Neben ihrer Rolle als Holzlieferanten dienen die Wälder auch 826
57 als Wasserspeicher und als Erholungsraum für den Menschen. Den 893
58 Tieren und Pflanzen bietet der Wald gute Lebensmöglichkeiten. 958

Regeln: Jedes Zeichen, das ein Wort vertritt, hat wie das ausgeschriebene Wort vor und nach sich ein Leerzeichen.
Die Nachklammer folgt unmittelbar auf einen Buchstaben. Beispiele: Wir rechnen mit 4 – 9 $ je Stück. a) b) c)

17. Übung 5 % und 8 (

<<< Wiederholung

Wir hatten am 4. November 9 Damenkleider in Größe 44 bestellt.
$, Münzeinheit: a) USA, b) Kanada, c) Australien. 494 $, $ 494

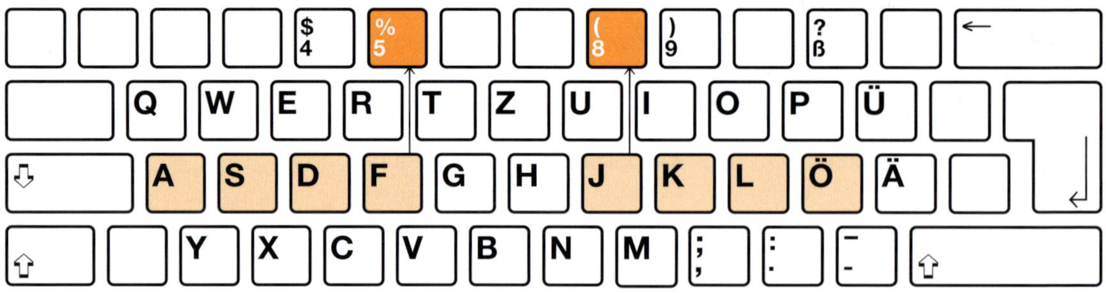

Einführung 5 und 8

Zeigefinger links vom **f** zur **5** und zurück = **f5f**

Zeigefinger rechts vom **j** zur **8** und zurück = **j8j**

f5fa f5fs f5fd d5f s5f a5f f5a f5s f5d fvfrf5f f5frfvf fv5vrvf
5 Tage, am 5. April, 55 Jahre, beim 5-Uhr-Tee, am 5. Dezember.

j8jö j8jl j8jk k8j l8j ö8j j8ö j8l j8k jmjuj8j j8jujmj jm8mumj
Übung 8, 88 Jahre alt, am 8. d. M., das 8. Kapitel, am 8. Mai.

Das 8-geschossige Mietshaus befindet sich in der Badstraße 85.
Der 58-Jährige fährt für 4 Wochen zur Kur nach Bad Oeynhausen.

Zur Geläufigkeit

Das Internet ist das größte Computernetzwerk der Welt. Die In-
formationen, die das Internet zur Verfügung stellt, sind meist
kostenlos. Mit dem Internet haben wir Zugang zu vielen Themen.

Um angebotene Dienste des Internets nutzen zu können, brauchen
wir natürlich einen Computer. Das kann ein tragbarer Computer,
also ein Notebook, es kann auch ein stationärer Computer sein.

Um das Internet zu nutzen, braucht man dann noch ein Programm.
Diese Programme werden von den meisten Unternehmen, die solche
Internet-Anschlüsse liefern, kostenlos zur Verfügung gestellt.

Die Internet-Provider sind Unternehmen, die den Zugang zum In-
ternet ermöglichen. Hierfür verlangen sie eine Gebühr, die un-
terschiedlich ist. Anfangs ist oft die Nutzung noch kostenlos.

Auch mit E-Mail – elektronischer Post – wird weltweit zwischen
den Menschen kommuniziert. Außer Anschlusskosten des Internet-
Providers kommen je nach Vertrag Kosten für Verbindungen dazu.

Tag und Nacht

Ansch

Tag und Nacht entstehen durch die Sonne. Die Erde dreht sich 66
innerhalb eines Tages um die eigene Achse. Deshalb ist sie nur 132
etwa die Hälfte der Zeit der Sonne zugewandt, dann ist Tag. 196
Die andere Hälfte ist die Erde der Sonne abgewandt, dann ist 261
Nacht. Wenn es bei uns also Mittag ist, so ist es auf der 322
gegenüberliegenden Seite der Erde Mitternacht und umgekehrt. 385

Das Formatieren

Häufigkeitswörter

30 diese einem da zum zur kann doch vor dieser mich ihn nun hatte
31 du seine mehr am denn unter sehr selbst schon hier bis vom aus

Mit **Formatieren** bezeichnet man das Gestalten eines Textes. So kannst du z. B. die Schriftgröße, den **Schriftgrad,** ändern. Du kannst aber auch durch Klick auf eines der Symbole **F, *K* oder <u>U</u>** den **Schriftstil** verändern und den Text dann **fett,** *kursiv* oder <u>unterstrichen</u> darstellen.

Zum nachträglichen Formatieren müssen die Textteile vorher markiert sein. Mit einem erneuten Anklicken eines der Symbole wird die **Hervorhebung** wieder aufgehoben.

Schriftgrad	Arial 8 Arial 10 Arial 12
Schriftstil	**fett** *kursiv* <u>unterstrichen</u>

Einführung % und (

Zeigefinger links vom **f** zum **%** und zurück = **f%f** Zeigefinger rechts vom **j** zur **(** und zurück= **j(j**

32 f%fa f%fs f%fd d%f s%f a%f f%a f%s f%d fvfrf%f f%frfvf fv%vrvf
33 5 % Zinsen, 8,5 % Reingewinn, 48 % der Stimmen, 85 % erreicht.

34 j(jö j(jl j(jk k(j l(j ö(j j(ö j(l j(k jmjuj(j j(jujmj jm(mumj
35 Frankfurt (Main), Limburg (Lahn), Unna (Westf.), Köln (Rhein).

36 Der Reingewinn unserer Firma erhöhte sich von 5,8 % auf 8,5 %.
37 Von Frankfurt (Main) bis nach Limburg (Lahn) gab es oft Staus.

Zur Geläufigkeit

38 5 % Rabatt, 89 % bestanden die Prüfung, ein Verlust von 5,4 %.
39 Ein 5-prozentiger Abschlag, auch möglich: ein 5%iger Abschlag.
40 Die Sollzinsen werden ab sofort von 8 % auf 9 % heraufgesetzt.

Beachte die Zeichensetzung!

41 Er wundert sich (so schreiben Sie), dass ich so selten anrufe.
42 Er sagt (es ist kaum zu hören), dass er nach Ulm (Donau) geht.
43 Dies war (weißt du es noch?) immer der Grundsatz des Meisters.

Kinderlied

44 Weißt du, wieviel Sternlein stehen an dem blauen Himmelszelt?
45 Weißt du, wieviel Wolken gehen weithin über alle Welt? Gott,
46 der Herr, hat sie gezählet, dass ihm auch nicht eines fehlet
47 an der ganzen großen Zahl.

48 Weißt du, wieviel Mücklein spielen in der heißen Sommerglut?
49 Wieviel Fischlein auch sich kühlen in der hellen Wasserflut?
50 Gott, der Herr, rief sie mit Namen, dass sie all ins Leben
51 kamen, dass sie nun so fröhlich sind.

52 Weißt du, wieviel Kindlein frühe stehn aus ihrem Bettchen auf?
53 Dass sie ohne Sorg und Mühe fröhlich sind im Tageslauf? Gott
54 im Himmel hat an allen seine Lust, sein Wohlgefallen, kennt
55 auch dich und hat dich lieb.

Regeln: Klammern stehen immer ohne Leerzeichen vor und nach dem eingeschlossenen Text. In Gliederungen folgt die Klammer unmittelbar auf den Buchstaben. – Beispiele: Köln (Rhein), Ulm (Donau), a) b) c) aber 1. 2. (ohne Klammer).

18. Übung 6 & und 7 /

<<< Wiederholung

Der Beitrag erhöhte sich von 45 EUR auf 55 EUR im Vierteljahr.
Der Mitgliederbestand (April bis August d. J.) stieg um 5,8 %.

Einführung 6 und 7

Zeigefinger links vom **f** zur **6** und zurück = **f6f**

Zeigefinger rechts vom **j** zur **7** und zurück = **j7j**

f6fa f6fs f6fd d6f s6f a6f f6a f6s f6d fvftf6f f6ftfvf fv6vtvf
am 6. Januar, 6 Fehler, mit 6 Jahren, sein sechsjähriger Sohn.

j7jö j7jl j7jk k7j l7j ö7j j7ö j7l j7k jmjuj7j j7jujmj jm7mzmj
vom 7. April ab, gegen 7 Uhr, mit 7 Jahren, sieben Weltwunder.

Viele kommen in jedem Jahr am 6. Januar zum Dreikönigstreffen.
Unsere Geschäftsstelle befindet sich in der Mozartstraße 67 a.

Zur Geläufigkeit

Vollständigkeit und Richtigkeit der Anschriften sind entschei-
dend für eine schnelle Bearbeitung und Zustellung der Sendung.
Hat der Empfänger ein Postfach, so ist dieses stets anzugeben.

Postfachnummern gliedert man von rechts beginnend in zweistel-
lige Gruppen: Postfach 58 67, Postfach 4 58 67, Postfach 6 76.
Die Post legt Briefsendungen zur Abholung in das Postfach ein.

Postsendungen müssen unbedingt korrekt freigemacht werden. Das
kann durch Aufkleben von Briefmarken oder durch Freistempelung
erfolgen, sonst werden Fehlbeträge und Einziehungsgeld fällig.

Straßennamen schreibt man verschieden. Versuchen Sie Regeln zu
erkennen: Goethestraße, Bergstr.; Berliner Weg, Kieler Straße;
Werner-von-Siemens-Straße; Unter den Linden; Am Alten Brunnen.

Die Postleitzahl (PLZ) wird immer ungegliedert und fünfstellig
geschrieben: 76879 Hochstadt, 76646 Bruchsal, 74579 Fichtenau.
Unsere neue Anschrift: Schillerstr. 67, 67746 Unterjeckenbach.

Sommer und Winter

Ansch

Im Laufe eines Jahres dreht sich die Erde einmal um die Sonne. 66
Da die Erdachse schräg zur Umlaufbahn steht, kommt einmal die 132
nördliche und einmal die südliche Erdhalbkugel näher an die 196
Sonne. Je nachdem ob die Erdhalbkugel näher oder weiter von 261
der Sonne entfernt ist, herrscht Sommer oder Winter. Während 322
bei uns Sommer ist, ist auf der anderen Erdhalbkugel Winter. 385

Die Rechtschreibprüfung

Häufigkeitswörter

30 ihre dann ihnen seiner alle wieder meine Zeit gegen ganz eines
31 einzelnen wo ohne können sei ja wurde jetzt immer seinen ihres

Die Rechtschreibprüfung

Mit der Rechtschreibprüfung werden alle Wörter eines Textes auf die richtige Schreibweise überprüft. Fehlerhafte Wörter werden angezeigt, indem sie rot unterstrichen werden. Sie können berichtigt werden. Hierzu stehen folgenden Möglichkeiten zur Verfügung:

- **Ignorieren,** wenn die Schreibweise richtig ist. So schlägt dir das Programm Bruchzahl vor, wenn du den richtigen Ortsnamen Bruchsal eingegeben hast.
- **Ändern,** wenn ein falsches Wort berichtigt werden soll, z. B. Bismark = Bismarck, Republick = Republik.
- **Hinzufügen,** wenn ein Wort zusätzlich im Wörterbuch aufgenommen werden soll, z. B. Myopie für Kurzsichtigkeit.

Einführung & und /

Zeigefinger links vom **f** zum **&** und zurück = **f&f**

Zeigefinger rechts vom **j** zum **/** und zurück = **j/j**

32 f&fa f&fs f&fd d&f s&f a&f f&a f&s f&d fvftf&f f&ftfvf fv&vtvf
33 Roth & Selb, Huber & Söhne OHG, Haas & Co., Maier GmbH & Co KG

Beide Formen Co. und Co sind möglich.

34 j/jö j/jl j/jk k/j l/j ö/j j/ö j/l j/k jmjuj/j j/jujmj jm/mzmj
35 Die Klage Müller ./. Schulz; HSV - KSC; 5/8 %, 5 5/8 % Zinsen.

36 Die Firma Blau & Roth eröffnet in der Bachstr. 76/78 ein Werk.
37 Mit 67 km/h war er zu schnell gefahren. Die Monate März/April.

./. wird z.B. in Schriftsätzen bei Rechtsstreitigkeiten für »gegen« verwendet, sonst wird der Mittestrich als Zeichen für »gegen« benutzt. VfB – FCK

Zur Geläufigkeit

38 Aus Kleinbuchstaben o und / wird das Promillezeichen gebildet.
39 Die Maklergebühr der Firma Bergmann & Reinhard beträgt 8 o/oo.
40 Uhlandt & Co. zahlen außer Gehalt und Spesen 5 o/oo Provision.

41 Burgweg 66 u. 67, Burgweg 66/67, Burgweg 66 - 68, Burgweg 6 a.
42 Seine Wohnung befindet sich in der Werner-von-Siemens-Str. 76.
43 Im Prozess Mayer ./. Müller & Co. erging am 8. Mai das Urteil.

Ein Volkslied

44 Kein schöner Land in dieser Zeit, als hier das unsre weit und
45 breit, wo wir uns finden wohl unter Linden zur Abendzeit.

46 Da haben wir so manche Stund gesessen da in froher Rund, und
47 taten singen, die Lieder klingen im Eichengrund.

48 Dass wir uns hier in diesem Tal noch treffen so viel hundert-
49 mal, Gott mag es schenken, Gott mag es lenken, er hat die Gnad.

50 Jetzt Brüder eine gute Nacht, der Herr im hohen Himmel wacht,
51 in seiner Güte uns zu behüten, ist er bedacht.

Regeln: **Das Zeichen & wird nur in Firmennamen verwendet. Vor und nach ihm ist stets ein Leerzeichen zu lassen. Der Schrägstrich wird als Bruch- oder Gliederungsstrich und auch im Zeichen für »gegen« = ./. verwendet: 3/4, 79/80, Müller ./. Roth.**

19. Übung · 3 § und 0 =

<<< Wiederholung

1 Das 6-Tage-Rennen wird am 6. Juni mit 7 Mannschaften beginnen.
2 Der Fahrer der Firma Weber & Berg fuhr mit 67 km/h zu schnell.

Einführung 3 und 0

Ringfinger links vom **s** zur **3** und zurück = **s3s**

Ringfinger rechts vom **l** zur **0** und zurück = **l0l**

3 s3sf s3sd s3sa a3s d3s f3s s3a s3d s3f sxsws3s s3swsxs sx3xwxs
4 33 Säcke, 34 Stück, 335 Seemeilen, 394 Stunden, 34.567,89 EUR.

5 l0lj l0lk l0lö ö0l k0l j0l l0ö l0k l0j l.lol0l l0lol.l l.0.o.l
6 zahlbar in 30 Tagen, 0 Fehler, 3 : 0, 0 : 3, null und nichtig.

7 Wir werden vom 3. bis zum 5. Mai unser Werk geschlossen haben.
8 Die Null, Nullleiter, auch Null-Leiter, sie fängt bei null an.

Zur Geläufigkeit

9 Die Telefon- und Telefaxnummern sind funktionsbezogen durch je
10 ein Leerzeichen zu gliedern. 03603 33049 (Vorwahl mit Nummer);
11 Fax-Einzelanschluss: 030 9867; Durchwahlanschluss: 030 9867-30

12 Mit einem ISDN-Anschluss stehen dem Teilnehmer mindestens zwei
13 getrennte Leitungen und mindestens drei Rufnummern zu. Es kann
14 also gleichzeitig telefoniert, gefaxt und auch gesurft werden.

15 Das Internet ist das Computernetz, das weltweit die Kunden zum
16 Austausch von Nachrichten verbindet. Durch T-Online ermöglicht
17 die Deutsche Telekom den Zugang zum Internet sowie zur E-Mail.

18 Uhrzeiten werden bei der Angabe in Stunden und Minuten oder in
19 Stunden, Minuten und Sekunden immer zweistellig angegeben. Der
20 Doppelpunkt gliedert: 03:30 Uhr, 00:30:03 Uhr, aber: um 3 Uhr.

21 Besuchszeit: 08:30 - 09:30 Uhr, aber: von 08:30 bis 09:30 Uhr.
22 Wir fahren am 3. November bereits um 07:50 Uhr vom Bahnhof ab.
23 Am 3. Mai trafen wir bereits um 6 Uhr in Frankfurt (Oder) ein.

Der Traum vom Fliegen

Ansch

24 Es war schon immer der Traum der Menschen, es den Vögeln nach- 67
25 zumachen und frei in der Luft zu fliegen. Otto Lilienthal war 132
26 einer der ersten Gleitflieger, der seine Pionierarbeit mit dem 197
27 Leben bezahlen musste. Während man später die Segelflugzeuge 261
28 mit Gummiseilen von einem Hang aus startete, ging man bald 322
29 dazu über, die Segelflugzeuge mit dem Seil einer Winde in den 387
30 Himmel zu ziehen. Heute hängt man die Segelflugzeuge meist an 452
31 eine Motormaschine und bringt sie so auf die gewünschte Höhe. 515

Die unterschiedlichen Drucker

Häufigkeitswörter

30 wohl Wohl dieses würde Würde diesen sondern weil welcher alles
31 nicht diesem waren will Herr viel mein also soll worden lassen

Die Drucker dienen zur Ausgabe der eingegebenen Daten.

Es gibt verschiedene Arten von Druckern, die sich hinsichtlich des Druckverfahrens, der Druckqualität, der Druckgeschwindigkeit und des Druckgeräusches unterscheiden.

Nadeldrucker (Matrixdrucker) sind Drucker, die mit einem Nadeldruckkopf jedes Zeichen mit Hilfe einer Punktmatrix erzeugen. Nadeldrucker arbeiten mit 9, 12, 24 oder 48 Nadeln. Je mehr Nadeln, desto besser die Schrift.

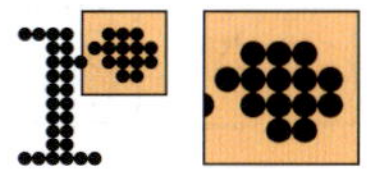

Tintenstrahldrucker sind Matrixdrucker. Anstelle von Nadeln befinden sich im Druckkopf kleine Tintendüsen. Sie spritzen Tinte tröpfchenweise aufs Papier und erzeugen die Schrift.

Farbtintenstrahldrucker erfreuen sich großer Beliebtheit, da sie preiswerter sind als Farblaserdrucker.

Laserdrucker funktionieren ähnlich wie Fotokopierer. Ein Laserstrahl erzeugt Zeichen und bringt sie elektrofotografisch aufs Papier.

Einführung § und =

Ringfinger links vom **s** zum **§** und zurück = **s§s**

Ringfinger rechts vom **l** zum **=** und zurück = **l=l**

32 s§sf s§sd s§sa a§s d§s f§s s§a s§d s§f sxsws§s s§swsxs sx§xwxs
33 ein neuer Paragraf, nach § 30, die §§ 3 bis 8, die §§ 3 und 7.

34 l=lj l=lk l=lö ö=l k=l j=l l=ö l=k l=j l.lol=l l=lol.l l.=.o.l
35 6 - 3 = 3, 3 . 3 = 9, 48 : 6 = 8, 3 hl = 300 l, 3 kg = 3 000 g

36 DIN 5008 = Schreib- und Gestaltungsregeln f. Textverarbeitung;
27 DIN = Abkürzung für: Deutsches Institut für Normung in Berlin.

Zur Geläufigkeit

38 Ein Nachlass von 30 % aus 3.000 EUR = 900 EUR ist abzugsfähig.
39 Im August haben wir 3 o/oo Provision = 300 EUR gutgeschrieben.
40 Dein Vertrag hat 30 Paragrafen; in § 6 Abs. 3 Satz 4 steht ...

41 Die Zeichen § und §§ werden nur dann verwendet, wenn nach die-
42 sen Zahlen folgen: § 33, die §§ 30 bis 33; aber: 3 Paragrafen.
43 Bitte lesen Sie noch einmal in § 33 die letzten Absätze durch.

Ein kostbares Gut

Anschläge

44 Blut ist für die Menschen notwendig. Wenn jemand durch einen 64
45 Unfall oder eine Operation sehr viel Blut verliert, dann ist 128
46 es notwendig, dass ihm durch eine Blutkonserve frisches Blut 191
47 zugeführt wird. Von diesem Blut haben die Krankenhäuser dann 255
48 Vorräte, die in Gruppen A, B, AB und 0 eingeteilt sind, weil 322
49 sich nicht jede Blutgruppe mit jeder anderen verträgt. Viele 384
50 Menschen spenden Blut und helfen somit anderen zu überleben. 446

Gelernt ist gelernt

51 Der Lehrer trifft einen ehemaligen Schüler, den er fragt, 61
52 wie es ihm gehe. Der Schüler berichtet, dass er einen Handel 124
53 betreibe. Er kaufe Waren für zehn Euro ein und verkaufe sie 187
54 dann für zwanzig Euro weiter. Und von diesem Verdienst von 249
55 zehn Prozent könne er ganz gut leben. - Welche Note hatte der 333
56 Schüler in Mathe?

Regeln: Das Zeichen § steht nur in Verbindung mit darauf folgenden Zahlen. Zwischen dem Doppelzeichen §§ steht kein Leerzeichen.
Beispiele: §3, die §§3 bis 9; aber: Ein Paragraf wurde geändert. Das Gesetz umfasst 30 Paragrafen.

20. Übung 2 1 ´ und " ! ` ^

<<< Wiederholung

Das BGB = Bürgerliche Gesetzbuch, das HGB = Handelsgesetzbuch.
Es sind künftig in § 30 noch die Abschnitte 3 und 4 zu ändern.

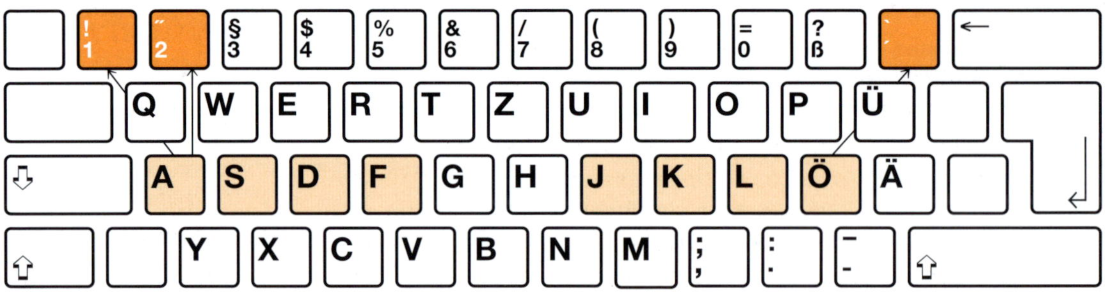

Einführung 2 1 ´

Kleiner Finger links vom **a** zur **2** und zurück = **a2a**
Kleiner Finger links vom **a** zur **1** und zurück = **a1a**
Kleiner Finger rechts vom **ö** zum ´ und zurück = **ö´ö**
Erst Akzenttaste, dann betreffenden Buchstaben anschlagen!

a2af a2ad a2as s2a d2a f2a a2s a2d a2f ayaqa2a a2aqaya ay2yqya
2 bis 3 Stunden, in 2 Minuten, mit 20 Angestellten, um 22 Uhr.

a1af a1ad a1as s1a d1a f1a a1s a1d a1f ayaqa1a a1aqaya ay1yqya
1 Anlage, 1 Durchschlag, 1 Arbeiter, 12:21 Uhr, 11 bis 12 EUR.

öéöj öéök öéöl léö kéö jéö öél öék öéj ö-öpöéö öéöpö-ö ö-é-p-ö
Übe mit Accent aigu: Réaumur, Orléans, Varieté, Café, Attaché.

Zur Geläufigkeit

Das alphanumerische Datum: 12. Dezember 2015 und 12. Juli 2015
Die Entscheidung wurde am 2. Februar 2015 in Berlin getroffen.
Die Jahreszahl soll immer vierstellig angegeben werden.

Ein numerisch anzugebendes Datum wird in der Reihenfolge Jahr,
Monat, Tag mit Mittestrich oder Tag, Monat, Jahr mit Punkt ge-
gliedert. Tag und Monat sind 2-stellig zu schreiben, die Jahre
werden immer 4-stellig geschrieben: 2015-01-12 oder 12.01.2015

Bankleitzahlen vereinfachen den Zahlungsverkehr. Es werden von
links nach rechts zwei Dreiergruppen und eine Zweiergruppe ge-
bildet. Postbank Köln: 370 100 50, Sparkasse Essen: 360 501 05

Die römischen Zahlzeichen werden vor allem zur Angabe von Jah-
reszahlen in Inschriften benutzt. Sie werden ferner in Gliede-
rungen verwendet. Folgende sieben Grundzeichen werden benutzt:

I = 1, V = 5, X = 10, L = 50, C = 100, D = 500 sowie M = 1000.
Für ihn gilt die Steuerklasse III, für sie die Steuerklasse V.
Karl I. (Karl der Große) wurde im Jahre DCCC deutscher Kaiser.

Pioniere der Luftfahrt

Anschl.

Leonardo da Vinci stellte um 1500 erstmals wissenschaftliche 63
Überlegungen an und nahm in seinen Skizzen den heutigen Hub- 127
schrauber und Fallschirm voraus. Otto Lilienthal flog von 1891 193
bis zu seinem Tode 1896 mit den von ihm selbst konstruierten 255
Gleitern. 1903 gelang den Gebr. Wright der erste gesteuerte 318
Motorflug. Lindbergh überflog 1927 den Atlantik. 1961 flog 379
Jurij Gagarin ins All und 1969 landeten Menschen auf dem Mond. 446

Wörter suchen und ersetzen

Häufigkeitswörter

31 dies machen ihren weiter leben Leben recht Recht etwas welches
32 keine seinem ob dir allen großen Jahre Weise weise müssen wäre

Wörter suchen und ersetzen

Mit Textverarbeitungsprogrammen können Wörter durch den **Suchbefehl** gesucht werden. Wir wollen im Text ab Zeile 49 suchen, wo das Wort »gleich« vorkommt und erkennen: in Zeile 50, 51 und 55.

Durch den **Ersetzbefehl** kann das Wort »gleich« durch »sofort« ersetzt werden. Dies kann automatisch erfolgen. Da der Austausch nur in den Zeilen 50 und 51 einen Sinn ergibt, sollte der Austausch immer nur von Fall zu Fall entschieden und vorgenommen werden.

Im Register **Start** klickst du in der Gruppe **Bearbeiten** die Funktion **Ersetzen** an. Gib dann das Suchwort »gleich« und das Ersatzwort »sofort« ein. Bestätige von Fall zu Fall mit »Ersetzen«.

Suchen und ersetzen

1. Erfasse den Satz:
   Lerne Steno.
2. Ersetze **Steno** durch **Kurzschrift.**
3. Gib
   a) das Suchwort Steno
   b) das Ersatzwort Kurzschrift ein.
4. Du erhältst automatisch:
   Lerne Kurzschrift.

Einführung " ! ` ^

Kleiner Finger links vom **a** zum **"** und zurück = **a"a**
Kleiner Finger links vom **a** zum **!** und zurück = **a!a**

Kleiner Finger rechts vom **ö** zum ` und zurück = **ö`ö**
^ aus ´ und ` zusammensetzen = ^

33 a"af a"ad a"as s"a d"a f"a a"j a"k a"l a"ö Hotel "Stadt Celle"
34 " = Zeichen für Zoll: Schreibschritt 1/10" = 2,54 mm, Ø 1 1/2"

35 a!af a!ad a!as s!a d!a f!a a!s a!d a!f ayaqa!a a!aqaya ay!yqya
36 Achtung! Fertig! Los! Halt! Vorsicht! Einfahrt! Guten Appetit!

37 öàöj öàök öàöl làö kàö jàö öàl öàk öàj ö-öpöàö öàöpö-ö ö-à-p-ö
38 Übe mit Accent grave: à la carte, vis-à-vis, Ampère, 2 mètres.

39 öêöj öêök öêöl lêö kêö jêö öêl öêk öêj ö-öpöêö öêöpö-ö ö-ê-p-ö
40 Übe mit Accent circonflexe: Crêpe de Chine, Rhône, tête-à-tête

Zur Geläufigkeit

41 **Die Anführungszeichen** stehen vor und hinter der direkten Rede.
42 Anführungszeichen dienen auch zur Hervorhebung von Textteilen.

43 Die Kassiererin sagte: "Alle Karten sind bereits ausverkauft."
44 "Alle Karten sind bereits ausverkauft", sagte die Kassiererin.
45 "Alle Karten", so die Kassiererin, "sind bereits ausverkauft."

46 "Morgen früh", versprach Claudia, "komme ich bestimmt wieder."
47 Er fragte: "Wie geht es dir?" Wer kennt "Des Teufels General"?
48 Die Modelle "Hans" und "Uwe" sind leider nicht mehr lieferbar.

Wörter suchen und ersetzen

Erfasse den unkorrigierten Text. Maschinenschreiber: Rand 10 und 70.
Computerschreiber: linker Rand 2,4cm und rechter Rand 3,5cm.

Anschläge

49 In den meisten Fällen werden Fehler bereits bei der Eingabe 64
50 bemerkt und ~~gleich~~ korrigiert. Dies kann durch Löschen oder 126 sofort
51 Einfügen geschehen. Korrekturen, die also ~~gleich~~ ausgeführt 188 sofort
52 werden, nennt man Sofortkorrekturen. 226

53 Viele Fehler werden aber erst nachträglich entdeckt. Solche 289
54 Fehler werden dann durch Korrekturzeichen, die auf dem Rand 352
55 zu wiederholen sind, gekennzeichnet. Ganz gleich, ob Fehler 414
56 beim Diktat oder beim Schreiben entstanden, die Korrekturen 477
57 werden alle Autorenkorrekturen genannt. 518

58 Will man ein fehlerhaftes Wort suchen oder einmal ein Wort, 581
59 das nicht gefällt, durch ein anderes ersetzen, so geschieht 641
60 dies durch Befehle. Wir wollen es mit diesem Text üben. 699

Aufgabe: Suche mit dem Suchbefehl das Wort »gleich«. Ersetze es aber nur in den Zeilen 50 und 51 durch »sofort«. Stelle den alten Text wieder her.

Nr.	Bezeichnung und Bestandteile; Hinweise	Beispiele
1	**Telefonnummer und Telefaxnummer**	
	Telefon- und Telefaxnummern werden funktionsbezogen durch je ein Leerzeichen gegliedert.	
1.1	**Telefonnummer**	
1.1.1	Einzelanschluss ohne Durchwahl	14991 07251 14991
1.1.2	Durchwahlanlage	
	– Zentrale Abfragestelle – Durchwahlanschluss	07251 14991-0 07251 14991-12
1.1.3	Sondernummern	
	Wird in Sondernummern nach der Nummer des Anbieters eine Ziffer für die Gebührenzählung angegeben, bleibt davor und dahinter ein Leerzeichen.	0180 3 56789
1.1.4	International*	+49 6251 89-0
1.2	**Telefaxnummer (Telefax, Fax oder Tfx)**	
1.2.1	Einzelanschluss	030 876543
1.2.2	Durchwahlanschluss	030 876543-12
1.2.3	International*	+49 6251 89-0
2	**Postfachnummer**	
	von rechts beginnend zweistellig gliedern	1 23 30 14 12 34 56
3	**Postleitzahl**	
	fünfstellig ohne Leerzeichen	89079 Ulm
4	**Bankleitzahl**	
	national (BLZ) von links nach rechts beginnend zweimal Dreiergruppe, einmal Zweiergruppe	BLZ 660 908 00
	international (IBAN) von links nach rechts fünfmal Vierergruppe, einmal Zweiergruppe	IBAN DE32 2508 0044 0532 0130 00

* Die länderbezogene Zusatznummer sollte durch das Zeichen + vor der Landesvorwahl dargestellt werden (z.B. statt 0049 besser +49).

Kennzeichnung von Aufzählungsgliedern

Texte können durch Aufzählungen gegliedert werden. Üblich sind

1. Ordnungszahlen
2. kleine Buchstaben
3. der Mittestrich
4. die vom Textverarbeitungsprogramm angebotenen Aufzählungszeichen

Beginn und Ende der Aufzählung sind durch je eine Leerzeile vom übrigen Text zu trennen. Die einzelnen Aufzählungsglieder können durch Leerzeilen getrennt werden.

Kennzeichnung durch Ordnungszahlen (arabische Ziffern mit Punkt)

Viele unserer Kunden lassen ihre Strom- und Wasserrechnungen von ihrem Konto abbuchen. Das hat folgende Vorteile:

1. Kein Einzahlungstermin wird versäumt.

2. Wege zur Post oder Bank sind nicht mehr erforderlich.

3. Abbuchungsaufträge können jederzeit widerrufen werden.

Mit dem ausgefüllten beiliegenden Formular können künftig die Rechnungsbeträge abgebucht werden.

Kennzeichnung durch Mittestrich

Das Internet ist das größte Computernetzwerk der Welt.

– Das Internet ermöglicht das Verschicken und Empfangen von elektronischer Post (E-Mail).

– Mit dem Internet hat man den Zugang zu Informationen zu jedem erdenklichen Thema.

– Mit dem Internet hat man auch die Möglichkeit, Spiele zu machen oder auch einzukaufen.

Die meisten Informationen aus dem Internet sind kostenfrei.

Kennzeichnung durch kleine Buchstaben

Mit "elektronischer Post" (kurz "E-Mail" genannt), kann man mit den Menschen auf der ganzen Welt kommunizieren.

a) Eine E-Mail ist schneller als ein Brief.

b) E-Mails sind meist günstiger als Ferngespräche.

c) E-Mails können zu jeder beliebigen Zeit erstellt und gesendet werden.

Du brauchst einen Internet-Anschluss. Dann kannst du jedem Internet-Teilnehmer auf der Welt eine Nachricht schicken, vorausgesetzt du kennst seine E-Mail-Adresse.

Aufgabe: **Schreibe jedes der Beispiele auch mit den weiteren Möglichkeiten im Menü *Format – Nummerierungen und Aufzählungen*. z. B.: ● ■ ◆ ✓ ♣**

Die Hervorhebungen

In Schriftstücken können besonders wichtige Stellen hervorgehoben werden. Hervorgehoben wird z. B. durch:

Einrücken 25 mm vom linken Rand

> Einrücken, Unterstreichen, Anführungszeichen, Großbuchstaben und Farben, Wechsel der Schriftart, Wechsel der Schriftgröße, Fettschrift, Kursivschrift, Zentrieren.

Die Einrückung beginnt 25 mm vom linken Rand, sie endet 10 mm von der rechten Blattkante. Einrückungen werden vom vorangehenden und von dem folgenden Text durch je eine Leerzeile deutlich abgesetzt.

<u>Das Unterstreichen</u> beginnt stets unter dem ersten und endet unter dem letzten Zeichen des hervorzuhebenden Teils. Satzzeichen sind, nur wenn sie inhaltlich zum Text gehören, mit zu unterstreichen.

"**Das In-Anführungszeichen-Setzen**" erfolgt außer in der wörtlichen Rede noch, wenn man bestimmte Namen, Typen, Modelle usw. ganz besonders hervorheben möchte: Unser Modell "Rita" hat sich bewährt.

<u>DIE GROSSBUCHSTABEN</u> sollten nicht zu häufig verwendet werden. Sie wirken besonders in langen Wörtern unübersichtlich. Der Umschaltfeststeller ist rechtzeitig vor Satzzeichen wie . und , zu lösen!

Das Wechseln der Schriftart ist nur bei Schreibmaschinen möglich, die einen auswechselbaren Typenträger haben und natürlich auch am PC. Drucker ermöglichen sehr viele unterschiedliche Schriftarten.

Das Wechseln der Schriftgröße. Hierfür werden verschiedene Schriftgrößen angeboten. Die Kombination mit einer Menge von Schriftarten bietet Möglichkeiten für gut gelungene Gestaltungen.

<u>**Die Fettschrift**</u> ist mit modernen Schreibmaschinen und am Computer auszuführen. Sie wird vornehmlich in Werbeschreiben verwendet, um Fabrikate oder günstige Angebote besonders hervorheben zu können.

<u>*Die Kursivschrift*</u> wirkt modern. Sie wird gern in privaten Schreiben verwendet. Sie kann, wie alle anderen Hervorhebungsarten, mit diesen kombiniert werden, jedoch sollte man es nicht übertreiben.

<u>Das Zentrieren</u> ist eine Hervorhebungsart, die automatisch nur mit modernen Schreibmaschinen oder mit dem PC auszuführen ist. Hierzu ist es nicht nötig, zu rechnen, das macht die Elektronik für uns.

Eingerückte und zentrierte Textteile
werden vom vorausgehenden und vom folgenden
Text durch je eine Leerzeile abgesetzt.

Verschiedene Hervorhebungsarten <u>*können*</u> kombiniert werden.

Verschiedene Hervorhebungsarten <u>können</u> kombiniert werden.

Verschiedene Hervorhebungsarten ***können*** kombiniert werden.

Probiere weitere Kombinationen von Hervorhebungsmöglichkeiten!

Die Anwendung der Hervorhebungen

Das Einrücken

An Schreibmaschinen möglichst Funktionstasten/Druckvarianteneinsteller benutzen.
Am PC, wo dies erforderlich, jeweils die entsprechenden Befehle eingeben.

Texte können verschieden ausgerichtet werden. Hierfür gibt es die folgendenden Möglichkeiten:

▼ Beginn 25 mm vom linken Rand

1. linksbündig - nur der linke Rand wird bündig.
2. Blocksatz - linker und rechter Rand werden bündig.
3. zentriert - der Text wird gleichmäßig eingemittet.
4. rechtsbündig - nur der rechte Rand wird bündig.

Das Unterstreichen

Dieser Kunde wünscht, dass wir ihm schnell ausführlich antworten.
Dieser Kunde wünscht, dass wir ihm schnell ausführlich antworten.
Dieser Kunde wünscht, dass wir ihm schnell ausführlich antworten.

"Das In-Anführungszeichen-Setzen"

Bei Muster "Hans" legen wir auf pünktliche Lieferung großen Wert.
Die Modelle "Inge" und "Jasmin" sind leider nicht mehr lieferbar.
Wir empfehlen Ihnen unsere neuen Modelle "Rügen" und "Helgoland".

DIE GROSSBUCHSTABEN

Dieser Kunde legt auf PÜNKTLICHE Lieferung den allergrößten Wert.
Dieser Kunde legt auf PÜNKTLICHE LIEFERUNG den allergrößten Wert.
DIESER KUNDE LEGT AUF PÜNKTLICHE LIEFERUNG DIESMAL GRÖSSTEN WERT.

Das Wechseln der Schriftart

Richtiges Deutsch durch Maschineschreiben heißt unser neues Buch.
Durch ausgewählte Beispiele und interessante Tests werden schnell
Lücken in der Groß- und Kleinschreibung entdeckt und geschlossen.

Die Fettschrift

Dieser Kunde legt auf **pünktliche** Lieferung den allergrößten Wert.
Dieser Kunde legt auf **pünktliche Lieferung** den allergrößten Wert.
Dieser Kunde legt auf pünktliche Lieferung den allergrößten Wert.

Das Zentrieren

Nach langen Forschungs- und Entwicklungsarbeiten können wir Ihnen unsere neue

Digital-Kamera mit Camcorderfunktion

liefern. Sie ist ein kleiner Profi in Bild und Ton. Sie ist handlich, von hohem Bedienungskomfort und hat technische Raffinessen.

Aufgabe: Hebe das zwischen zwei Sternen (*) Stehende in der jeweils angegebenen Weise hervor:

Einrücken: Auf Ihre Bestellung vom 15. d. M. sandte ich Ihnen heute als Expressgut * 10 Rechenmaschinen Super 2000. * Ich wünsche einen guten Empfang der Maschinen und bedanke mich für den Auftrag.

Zentrieren: Am 10. d. M. werde ich mit der Eröffnung meiner neuen Ladenräume eine * Büchersonderschau * veranstalten, mit der es mir gelungen ist, eine leistungsfähige Ausstellung zusammenzustellen.

Unterstreichen/Kursivschrift: (Satz dreimal schreiben!) Diese Muster stellen wir Ihnen sehr gern * kostenlos * zur Verfügung.

In-Anführungszeichen-Setzen: (Satz dreimal schreiben!) Das Muster * Bielefeld * stellen wir Ihnen kostenlos zur Verfügung.

Großbuchstaben: (Satz dreimal schreiben!) Diese Muster stellen wir Ihnen sehr gern * kostenlos * zur Verfügung.

Wechsel der Schriftart/Fettschrift: (Satz dreimal schreiben!) Diese Muster stellen wir Ihnen sehr gern * kostenlos * zur Verfügung.

25. Übung Das Schreiben der Straßennamen – Anschriften

Ansc

1. Hauptwörter, Eigennamen, Eigenschaftswörter ohne Endung und 64
Ländernamen ohne Endung werden mit –straße, -gasse, -brücke, 127
-platz usw. zusammengeschrieben: Bergstraße, Bismarckplatz, 190
Schillerbrücke, Langstraße, Badenweg, Bayernring, Hochstraße. 257

2. Orts- und Ländernamen mit Endungen und Eigenschaftswörter 319
mit Endungen werden von dem Wort Straße, Gasse usw. getrennt: 386
Karlsruher Straße, Hessischer Ring, Breites Ufer, Hohe Straße. 457

3. Straßennamen mit mindestens zwei Bestimmungswörtern schreibt 520
man mit Bindestrichen: Albrecht-Dürer-Allee, Dr.-Mai-Straße, 589
Von-der-Heydt-Weg, Prof.-Sauerbruch-Str., St.-Blasien-Straße. 659

4. Bei Straßennamen, die ein Verhältniswort enthalten, schreibt 723
man dieses groß: Am Hange, Hinter dem Wald, Unter den Linden. 792
Folgt dem Verhältniswort ein Eigenschaftswort, so schreibt 854
man auch dieses groß: Auf dem Breiten Wall, Am Neuen Bahnhof. 923

5. Verschieden gebildete Straßennamen werden nach obigen Regeln 987
geschrieben: Ecke Karlsruher und Kaiserstraße 1037
Ecke Kaiser- und Karlsruher Straße 1075

Begründen Sie die verschiedene Schreibung nach obigen Regeln!

Änderung des Anschriftfeldes nach DIN 5008

Maße und Position des Anschriftfeldes sind in DIN 676 festgelegt. Um die Aufschriften in den Anschriftfeldern international zu vereinheitlichen und zur Optimierung der Anschriftenerkennung hat die Deutsche Post AG angeregt, künftig auf die Leerzeilen zu verzichten.

Die Gliederung des Anschriftfeldes sieht nach DIN 5008 folgende Bestandteile vor:

3 Zeilen für Zusätze und Vermerke
6 Zeilen für die Anschrift

3 Zusatz- und Vermerkzone	elektronische Freimachungsvermerke
2	Vorausverfügungen wie z.B. »Nicht nachsenden!«
1	Produkte wie z. B. »Einschreiben«
1 Anschriftzone	Anrede und Berufsbezeichnung
2	Empfängerbezeichnung
3	Postfach mit Nummer oder Straße und Hausnummer
4	Postleitzahl und Bestimmungsort
5	
6	

Beispiele

·	·
·	·
·	·
Frau	Frau Studienrätin
Ruth Redlich	Dr. Ursula Lindig
Bergstraße 4 a	bei Elke Wasner
69120 Heidelberg	Heilbronner Weg 7 A
·	68259 Mannheim
·	·

Berufs- und Amtsbezeichnungen (z. B. Direktor, Rechtsanwalt) werden neben »Frau« oder »Herrn« geschrieben. Akademische Grade (z. B. Dr., Dipl.-Ing.) stehen unmittelbar vor dem Namen. Da es bei »Professor« nicht erkennbar ist, ob es sich um eine Amtsbezeichnung oder einen akademischen Grad handelt, sollte »Prof.« unmittelbar vor dem Namen stehen.

Bei Untermietern muss der Name des Wohnungsinhabers unter den Namen des Empfängers geschrieben werden.

Weitere Beispiele für Anschriften

In Firmenanschriften wird das Wort »Firma« weggelassen, wenn aus der Empfängeranschrift erkennbar ist, dass es sich um eine Firma handelt. Hat der Empfänger ein Postfach, so ist dieses statt der Straße und der Hausnummer anzugeben. Soll eine Person einen Brief zur Bearbeitung erhalten, so schreibt man deren Namen, bei Firmen und Behörden die Abteilung unter die Firmen-/Behördenangabe. Einzelunternehmen erhalten den Zusatz e. K. (eingetragene Kauffrau, eingetragener Kaufmann) bzw. e.Kffr. oder e.Kfm. (eingetragene Kauffrau, eingetragener Kaufmann).

```
•
•
•
Sägewerk
Friedrich Berg e. K.
Postfach 2 01
72232 Freudenstadt
•
•
```

```
•
•
Einschreiben Einwurf
Firma
Hans Haas
Personalabteilung
Postfach 10 01 01
60001 Frankfurt
•
```

Bei Großempfängeranschriften mit eigener Postleitzahl sollten weder Postfach noch Straße und Hausnummer angegeben werden. Bei der Zustellangabe dürfen zusätzlich der Gebäudeteil, das Stockwerk oder die Wohnungsnummer, abgetrennt durch zwei Schrägstriche, angegeben werden. Vor und nach den zwei Schrägstrichen ist jeweils ein Leerzeichen einzugeben.

```
•
•
•
TSG Bruchsal
Tennisabteilung
Sportzentrum 15
76646 Bruchsal
•
•
```

```
•
•
Einschreiben
Jugend- und Begegnungszentrum
JUBEZ
Kronenplatz 1
76133 Karlsruhe
•
•
```

Auslandsanschriften müssen in lateinischer Schrift und arabischen Ziffern, Bestimmungsort und Bestimmungsland mit Großbuchstaben geschrieben werden. Der Bestimmungsort ist nach Möglichkeit in der Sprache des Bestimmungslandes anzugeben (z. B. BUCARESTI statt Bukarest). Die Angabe des Bestimmungslandes steht in deutscher Sprache in der letzten Zeile der Anschrift.

```
•
•
•
Frau Helga Wolf
Herrn Walter Rapp M. A.
Jochberger Str. 14
6370 KITZBÜHEL
ÖSTERREICH
•
```

```
•
•
•
Aeroclub Jeleniogórski
Ul. Lomnicka-Lotnisko
58-500 JELENIA GÓRA
POLEN
•
•
```

M. A. = Master of Arts = akademischer Grad

Aufgaben

1. Express, Herrn Direktor Dr. Günther Neumann, Eichenweg 13, 22395 Hamburg
2. Frau Brigitte Grunewald, bei Hintermaier, Ludwigstraße 18, 30161 Hannover
3. Herrn Uwe Matt, Regierungsoberinspektor, Tilsiter Str. 22, 40489 Düsseldorf
4. Farbenfabrik Roth GmbH & Co., Ferdinand-Sauerbruch-Str. 8, 56073 Koblenz
5. Büchersendung, Firma Karlheinz Schmidt, Postfach 20 01 01, 80001 München
6. Dresdner Bank AG, Herrn Dr. Rothmaier, Lutherstraße 112 a, 99084 Erfurt
7. Oberlandesgericht, Verwaltungsabteilung, Postfach 1 48 20, 76031 Karlsruhe
8. Nachnahme, Frau Susanne May, Herrn Hans Moll, Am Markt 12, 19055 Schwerin
9. André Château, 48, Place de la République, 67000 STRASBOURG FRANKREICH
10. Schreiben Sie Ihre Anschrift und auch die Ihrer Ausbildungsstätte (Schule).

Ansch

Die Maschinenschrift ist die Schrift moderner Menschen. Daher 67
schreiben auch Privatpersonen ihre Briefe, wenn nicht durch 129
die Handschrift eine ganz persönliche Bewertung ausgedrückt 191
werden soll, mit der Maschine oder auf dem Computer; denn 252
diese Schriften sind meist besser zu lesen als Handschriften. 316

Wenn wir für unsere Briefe Blätter ohne Aufdruck verwenden, 380
so können wir den Briefkopf selbst gestalten. Wir beginnen in 444
Zeile 5 und 25 mm von der linken Blattkante mit dem Namen. In 509
Flucht am rechten Rand steht das Datum. Schreibe die weiteren 575
Absenderangaben und beginne dann in Zeile 16 mit der Adresse. 640

Der Betreff steht in Zeile 24. Nach zwei Leerzeilen folgt die 707
Anrede. Nach einer Leerzeile wird dann der Text durch jeweils 773
eine Leerzeile in Absätze gegliedert. Der Gruß steht nach 835
einer Leerzeile nach dem Text. Der Anlagenvermerk folgt nach 900
drei Leerzeilen. Die Überschrift kann fett geschrieben werden. 965

Die Bewerbung

Wenn du am Computer schreibst, so gebe in *»Seite einrichten«* als Formatierung ein: oben 1,7 cm, links 2,4 cm und rechts 2,5 cm.

Wer sich um eine Stelle bewirbt, der sollte prüfen, ob er mit 64
seinen Kenntnissen den gestellten Anforderungen gerecht wird. 128
Er muss bei Abgabe seiner Bewerbung damit rechnen, dass sich 192
meist noch viele andere um die Stelle bemühen. Deshalb müssen 256
Form und Inhalt der Bewerbung einen guten Eindruck machen. 319

Verwende einen einwandfreien weißen Briefbogen in der Größe 383
DIN A4. Schreibst du mit der Maschine, dann solltest du 442
darauf achten, dass die Typen gereinigt sind und das Farbband 506
noch eine saubere Schrift erzeugt. Es ist selbstverständlich, 570
dass man die Bewerbung formschön und fehlerfrei schreibt. 629

Schreibe nur das Wesentliche, leere Redensarten solltest du 693
vermeiden. Hüte dich auch vor Übertreibungen, denn nur klare 756
Angaben, am besten durch Zeugnisse belegt, machen den besten 819
Eindruck. Ratsam ist, auf Empfehlungen, Zeitungsanzeigen usw. 885
Bezug zu nehmen und den Grund für die Bewerbung zu nennen. 947

Für den Empfänger der Bewerbung wird es von Vorteil sein, 1009
wenn er erfährt, zu welchem Zeitpunkt die Stelle angetreten 1071
werden kann. Ob man Gehaltsansprüche bereits in der Bewerbung 1136
nennt oder sie erst bei der persönlichen Vorstellung sagt, 1196
darüber bestehen oft die unterschiedlichsten Auffassungen. 1256

Wenn man sein derzeitiges Gehalt nennt, so wird der Empfänger 1321
der Bewerbung wissen, dass der Bewerber zu keinem niedrigeren 1385
Gehalt arbeiten möchte. Als Gruß wählt man am besten "Mit 1448
freundlichen Grüßen". Originalzeugnisse gibt man nicht aus der 1514
Hand. Fertige deshalb von den Zeugnissen eine Kopien an. 1575

Üblich ist, der Bewerbung einen Lebenslauf beizufügen. Wird 1639
dieser nicht ausdrücklich handschriftlich verlangt, so kann 1699
er maschinell geschrieben werden. Wird ein Lichtbild erbeten, 1763
sollte man ein neueres Passbild beifügen. Auf die Rückseite 1826
schreibst du deinen Namen, um Verwechslungen auszuschließen. 1888

25 mm von der linken Blattkante

Claudia Bergmann AD — 15. Mai 20.. DATUM

(2x) Zeilenschaltung (2x schalten: Absatzschaltung)

Lindauer Straße 45
78464 Konstanz
Telefon: 07531 4589
E-Mail: c.bergmann@t-online.de

Kleiderfabrik
Reimann & Co.
Uhlandstr. 12
78464 Konstanz

Bewerbung um einen Ausbildungsplatz BETREFF

Sehr geehrte Damen und Herren, ANREDE,

durch Ihre Anzeige in den "Konstanzer Nachrichten" erfuhr ich, dass in Ihrem Betrieb ein Ausbildungsplatz zur Bürokauffrau vergeben wird. Um diesen Ausbildungsplatz bewerbe ich mich.

Zurzeit besuche ich die Abschlussklasse der Wirtschaftsschule, die ich zu Ende des Schuljahres mit der mittleren Reife verlassen werde.

In der Schule erhielt ich eine gründliche Ausbildung in allen kaufmännischen Fächern. Besonders interessierte ich mich für Textverarbeitung und alle Arbeiten am PC. In einem Fortbildungskurs der Firma DEU-MA erreichte ich in der Abschlussprüfung 180 Anschläge in der Minute.

Meinen Lebenslauf, ein Passbild und eine Kopie meines letzten Zeugnisses füge ich dieser Bewerbung bei.

Bitte geben Sie mir Gelegenheit, mich bei Ihnen vorzustellen.

Mit freundlichen Grüßen

Claudia Bergmann

Anlagen
Lebenslauf
Passbild
Zeugniskopie

→ Absatz alle 4-5 Zeilen

Die **13. Zeile** des Briefblattes entspricht der 1. Zeile des Anschriftfeldes; die Betreffangabe beginnt in der **24. Zeile.** Bei solcher Beschriftung können auch Briefblätter ohne Aufdruck in Fensterbriefhüllen verschickt werden.

Schreibe mit deinen persönlichen Daten eine Bewerbung. Richte diese an eine Firma/Behörde deiner Wahl. Hilfen:

1.1 Da ich gern in einer Bank/Versicherung etc. arbeiten würde, bewerbe ich mich um einen Ausbildungsplatz bei Ihnen.
1.2 Herr/Frau/Mein Klassenlehrer empfahl mir, mich bei Ihnen um einen Ausbildungsplatz zu bewerben.
2.1 Noch besuche ich die ... Klasse der ...schule. Im ... werde ich an der Abschlussprüfung teilnehmen.
2.2 Zurzeit besuche ich die ...schule, die ich im ... mit der mittleren Reife abschließen werde.
3.1 In Kurzschrift schreibe ich ... Silben, in Textverarbeitung ... Anschläge. Ich kann Briefe normgerecht schreiben, Diktier- und Vervielfältigungsgeräte bedienen.
3.2 Meine Lieblingsfächer waren Buchhaltung und ...
4. Meinen Lebenslauf, die Abschrift des letzten Schulzeugnisses (und ein Lichtbild) füge ich bei.
5. Ich würde mich freuen, wenn ich mich bei Ihnen vorstellen dürfte.

Ansch

Firmen, die bei Einstellungen die Handschrift des Bewerbers 64
zur Beurteilung mit heranziehen, verlangen den in Handschrift 128
geschriebenen Lebenslauf. Ist dies nicht gefordert, so sollte 192
der Lebenslauf mit der Maschine geschrieben werden; denn die 256
Maschinenschrift ist oft besser zu lesen als die Handschrift. 320

Für die Anordnung des Textes haben sich in der Praxis zwei 383
Möglichkeiten durchgesetzt. Eine schildert in ausführlicher 445
Form alle Einzelheiten. Dabei werden die Angaben in Absätze, 511
genau wie im Brief, gegliedert. Die andere, in tabellarischer 574
Form, sie bringt nach jedem Leitwort stichwortartige Angaben. 639

Der Inhalt wird zunächst einmal mit den Angaben zur Person 702
beginnen: Namen, Geburtstag und -ort. Ob Angaben zur Religion 770
gemacht werden, hängt davon ab, ob ihr der Schreiber im 827
Zusammenhang mit der Bewerbung Bedeutung beimisst. Es folgen, 893
zumindest bei jüngeren Personen, Angaben über das Elternhaus. 958

Der nächste Abschnitt sollte sich mit der Schilderung der 1019
schulischen Ausbildung befassen. Die Angaben von Jahreszahlen 1085
genügen. Es ist unwichtig, ob der Eintritt am 1. oder am 15. 1148
eines Monats erfolgte. Wurde die Schule gewechselt, so ist 1210
dies anzugeben wie auch der erreichte schulische Abschluss. 1271

Von Berufstätigen wird der berufliche Werdegang geschildert: 1336
Ausbildung, Prüfungen, Tätigkeiten nach der Ausbildung und 1399
Weiterbildung, besondere Kenntnisse usw. Auch Angaben zum 1461
Familienstand gehören dann in den Lebenslauf. Der Lebenslauf 1526
schließt mit dem Datum und der Unterschrift des Bewerbers. 1587

Claudia Bergmann 20..-05-27
Lindauer Straße 45
78464 Konstanz
Telefon: 07531 4589
E-Mail: c.bergmann@t-online.de

Herrn Oberstudienrat
Dr. Herbert Schnätz
Wintererstieg 5/7
78462 Konstanz

Um Raum zu sparen, wurde die Entschuldigung hier als Halbbrief gezeigt. Schreibe die Entschuldigung als Ganzbrief.

Entschuldigung

Sehr geehrter Herr Dr. Schnätz,

am Sonntag habe ich mir den Fuß verstaucht. Ich wurde für 8 Tage krankgeschrieben. Die Krankmeldung füge ich bei.

Ich bitte, mein Unterrichtsversäumnis zu entschuldigen.

Mit freundlichen Grüßen

Claudia Bergmann

Anlage
Krankmeldung

8x schalten (in Word)

Lichtbild

Lebenslauf – FETT! _4x

– Fluchtlinie

Name:	Claudia Bergmann
Anschrift:	Lindauer Straße 45 78464 Konstanz
Geboren:	15. Mai 19.. in Stuttgart
Eltern:	Manfred Bergmann, Zollbeamter Monika Bergmann geb. Schellhammer
Schulbesuch:	9 Jahre Grund- und Hauptschule in Stuttgart 2 Jahre Wirtschaftsschule in Konstanz
Leistungen:	180 Anschläge im Tastschreiben
Fortbildung:	DEU-MA-Kurs Tastschreiben
Berufspraktikum:	Firma Staudemaier & Söhne
Hobbys:	Sport (1x schalten) Lesen
Berufswunsch:	Bürokauffrau

Konstanz, 10. Mai 20..

Claudia Bergmann

Schreibe deinen Lebenslauf. Beachte folgende Hilfen: Ältere Bewerber lassen den Abschnitt »Eltern« weg. Füge u. U. »Familienstand«, »Verheiratet mit«, »Beruf des Ehepartners«, »Anzahl und Alter der Kinder« ein. Ob du Angaben über die Religionszugehörigkeit machst, hängt von deiner Einstellung ab. Es können auch Absätze wie »Hobbys«, »Freizeitbeschäftigungen« eingefügt werden.

Wo steht ein Zwischenraum?

(Diese Übung ist als Test geeignet, wenn nur die Beispiele in die Maschine diktiert werden.)

1. Zwischenräume entstehen durch Leerzeichen (Leerschritte). - Je ein Leerzeichen (ein Anschlag der Leertaste) folgt jedem Wort, jeder Abkürzung, jeder Zahl und jedem Satzzeichen:

   Ich bitte Sie dringend, den Betrag von 1.540,40 EUR zu zahlen.
   Ich bitte Sie dringend, den Betrag von 1.540,40 EUR zu zahlen.

2. Auch nach Auslassungspunkten steht ein Leerzeichen. - Gesperrt geschriebene Wörter haben vor und nach sich je 3 Leerzeichen:

   Der Horcher an der Wand ... Halt!   S p e r r u n g !   Hilfe!
   Der Horcher an der Wand ... Halt!   S p e r r u n g !   Hilfe!

   Satzeichen machen die Sperrung mit.

3. Bei Schriftzeichen wie %, &, §, + und ähnlichen Zeichen, die ein Wort vertreten, bleibt vorher und nachher ein Leerzeichen:

   Nach § 9 zahlt die Firma Mayer & Sohn 400 EUR + 4 % = 416 EUR.
   Nach § 9 zahlt die Firma Mayer & Sohn 400 EUR + 4 % = 416 EUR.

4. Bei den Schriftzeichen : und - kommt es auf die Anwendung an. Als "Wortvertreter" steht vorher und nachher ein Leerzeichen:

   Er sagt: "Ein- und Ausfuhr (Jan. - Mai) verhalten sich 4 : 3."
   Er sagt: "Ein- und Ausfuhr (Jan. - Mai) verhalten sich 4 : 3."

5. Die Anführungszeichen wie auch die Klammern (siehe obiges Beispiel!) stehen immer eng vor und hinter einem Schriftzeichen.

6. Binde- und Ergänzungsbindestrich schließen sich eng an vorausgehende Buchstaben. Dem Bindestrich folgt kein Leerzeichen:

   Ein- und Ausgang; Robert-Bosch-Str.; Tee-Ei; Masch.-Schreiben.
   Ein- und Ausgang; Robert-Bosch-Str.; Tee-Ei; Masch.-Schreiben.

7. Der Gedanken- und der Streckenstrich, das Minuszeichen und der Bis-Strich haben vor und hinter sich je ein Leerzeichen, da sie entweder eine Pause andeuten oder aber ein Wort vertreten.

   Er wundert sich - so sagen Sie -, dass ich so selten schreibe.
   Er wundert sich - so sagen Sie -, dass ich so selten schreibe.

   Der Zug fährt über Ulm - Stuttgart - Heidelberg nach Mannheim.
   Der Zug fährt über Ulm - Stuttgart - Heidelberg nach Mannheim.

   420 - 90 = 330; Bürozeit: 08:30 - 12:30 und 13:30 - 17:00 Uhr.
   420 - 90 = 330; Bürozeit: 08:30 - 12:30 und 13:30 - 17:00 Uhr.

8. Der Worttrennungsstrich - früher Silbentrennungsstrich - steht immer eng an der vorausgehenden Silbe:

   Tren- nung, Wes- ten, Roh- heit, Zu- cker, Was- ser, hei- ßer.
   Tren- nung, Wes- ten, Roh- heit, Zu- cker, Was- ser, hei- ßer.

9. Bei Zahlengliederungen sind die Vorschriften für Zahlengliederungen zu beachten: 3 500 Liter, 3.500 EUR, DIN 5008 und 5009. Telefon: 07251 14994, Telexnummer: 83157 bmi d, PLZ 89079 Ulm.

10. Ein numerisches Datum wird in der Reihenfolge Jahr, Monat, Tag mit Mittestrich oder Tag, Monat, Jahr mit Punkt gegliedert. Es sind Tage und Monate 2-stellig und Jahre 4-stellig anzugeben.

    2010-12-15 oder 15.12.2010; alphanumerisch: 15. Dezember 2010

29. Übung Teste deine Regelkenntnisse

Welche Schreibungen sind richtig? a?, b?, c? oder mehrere?

Zeile	10 a)	33 b)	56 c)
1	2. Oktober 2010	2010-10-02	2010-10-2
2	706,-- EUR	706.00 EUR	706,00 EUR
3	1o.15 Uhr	10,15 Uhr	10:15 Uhr
4	09:30 - 13:30 Uhr	von 8 - 12 Uhr	von 09:30 bis 13:30 Uhr
5	a.	a)	a.)
6	1.	1)	1.)
7	3mal	3-mal	3 mal
8	8-jährig	8 jährig	8jährig
9	Mayer & Co	Mayer & Co.	Mayer und Co
10	G. m. b. H.	G.m.b.H.	GmbH
11	zB.	z. B.	z.B.
12	Bergstr. 14 - 16	Bergstr. 14-16	Bergstr. 14/16
13	Kaiserstraße	Kaiser Str.	Kaiser-Straße
14	Hamburgerstr.	Hamburger Straße	Hamburger-Str.
15	Richard-Wagnerstr.	Richard Wagner-Str.	Richard-Wagner-Str.
16	am neuen Markt	Am neuen Markt	Am Neuen Markt
17	<u>bereit,</u> wenn	<u>bereit,</u> wenn	<u>bereit, </u>wenn
18	PLZ 19 050 Schwerin	19050 Schwerin	190 50 Schwerin
19	Telefon 09445 3003	(09 445) 3 003	(094 45) 30 03
20	250 kg 125 ""	250 kg 125 "	250 kg 125 "
21	02.09.2009 02.10.2009	2009-09-02 2009-10-02	2.9.2009 2.10.2009
22	Anlage: 1 Prospekt	<u>Anlage</u> 1 Prospekt	**Anlage** 1 Prospekt
23	587,00 EUR 1.032,00 " 1.619,00 " ============	587,00 EUR 1.032,00 " 1.619,00 EUR ============	587,00 EUR 1.032,00 " ----------- 1.619,00 EUR ============
24	5 Prozent Zinsen	5% Zinsen	5 % Zinsen

Lösung auf Seite 60

30. Übung 10-Minuten-Abschrift

Vorübung

Ansch

Disco, Drinks u. Driving, Disco-Besuch, heiße Rhythmen, Dancing. 72
Wer nach einem Disco-Besuch mit dem Auto fährt, lebt gefährlich. 68
Sicher ist: Wer mit dem Auto fährt, der sollte nüchtern bleiben. 68

Disco, Drinks und Driving

Jugendliche Disco-Besucher, die mit dem Auto heimfahren möchten, 69
leben gefährlich. Heiße Rhythmen, Dancing, Mädchen - das bringt 137
Stimmung. In Hochstimmung - bewirkt durch die laute Musik, das 204
Tanzen, die Lichteffekte und nicht zuletzt auch durch genossenen 271
Alkohol -, so verlassen sie das Lokal und setzen sich ans Steuer. 340

Die jugendspezifischen Verhaltensweisen sind die Folge: dichtes 408
Auffahren, riskante Wettrennen, abruptes Abbremsen, knappes 471
Einscheren in eine Lücke. Die überdrehte Stimmung, das Gefühl, 539
frei und unbeschwert zu sein, beeinflusst den Fahrstil. Infolge 605
eines überschätzten Fahrkönnens wird dann zu schnell gefahren. 669

Betroffen sind vor allem Jugendliche aus kleineren Gemeinden, 734
deren Weg zur nächsten Disco mehrere Kilometer beträgt. Die 798
nächtlichen Landstraßen verführen besonders zum Rasen. Wegen der 866
Entfernung wird der Wagen dann noch mit Freunden vollgepackt. 931
In der Regel sind die jungen Fahrer in alten Kisten unterwegs. 998

Diese Faktoren erschweren dann zusätzlich die Beherrschung des 1064
Fahrzeugs. Und wie schrecklich können dann solche Unfälle sein? 1131
Weder Strafen noch Aufklärung, weder Führerschein auf Probe noch 1201
Moralappelle vermochten es, die Anzahl der bei alkoholbedingten 1267
Unfällen Getöteten oder Verletzten auch nur annähernd zu senken. 1335

Sicher ist: Wer mit dem Auto fährt, der sollte keinen Alkohol 1402
trinken. Zwar gibt es in der Bundesrepublik kein Gesetz, das dies 1471
fordert, doch sollte man wissen, dass die jetzige Rechtslage die 1537
Möglichkeit bietet, einen Kraftfahrer schon ab 0,3 Promille 1600
strafrechtlich zu belangen, wenn diese Menge zum Unfall führte. 1666

Wer Taxi oder Bus nicht benutzen will, der sollte vor der Fete 1733
entscheiden wer fährt und auf keinen Fall einsteigen, wenn der 1798
Fahrer nicht absolut nüchtern ist. Neuere Vorschläge reichen von 1866
der Anti-Alkohol-Disco bis zum Disco-Bus, der die Jugendlichen 1935
sicher zum Tanzvergnügen und von dort dann wieder heim bringt. 1999

Auch der Disco-Betreiber trägt eine gewisse Verantwortung. Ein 2066
Mindestverzehr und womöglich kaum alkoholfreie Getränke, das 2128
sind schon beinahe Aufforderungen zu sträflichem Tun. "Disco, 2192
Drinks und Driving" sind eine tödliche Verbindung. Und die Reue 2261
nach einem Unfall: "Das habe ich nicht gewollt", sie kommt immer 2329
zu spät! 2338

Lösungen zum Test auf Seite 59

1 a + b	4 a + c	7 b	10 c	13 a	16 c	19 a	22 c
2 c	5 b	8 a	11 b	14 b	17 a	20 b	23 b + c
3 c	6 a	9 a + b + c	12 a + c	15 c	18 b	21 a + b	24 a + c

10-Minuten-Abschrift

Vorübung

Anschläge

Ein neuer Lebensabschnitt beginnt mit dem Eintritt in den Beruf. 68
Untersuchungen vor und während der Beschäftigung wurden Pflicht. 67
Vor allen Überforderungen schützt das Jugendarbeitsschutzgesetz. 67

Vom Jugendarbeitsschutz

Mit dem Eintritt in das Arbeitsleben beginnt für die Jugendlichen 70
ein neuer Lebensabschnitt. Sie werden mit Arbeiten beschäftigt, 137
die ihnen bisher fremd waren. Der Tagesablauf gestaltet sich nun 204
weitgehend nach den Bedürfnissen ihres Ausbildungsbetriebes und 270
nach den Anforderungen des jeweiligen Ausbildungsverhältnisses. 336

Für die gesundheitliche Betreuung Jugendlicher sind ärztliche 401
Untersuchungen vor und während der Beschäftigung Pflicht. Der 467
Zweck dieser Untersuchungen besteht darin, den Jugendlichen vor 534
gesundheitlichen Schäden zu bewahren. So darf ein Jugendlicher 600
z. B. nicht mit Arbeiten beschäftigt werden, die ihn überfordern. 668

Zum Schutze der Jugendlichen gibt es eine Reihe von Verboten. So 739
dürfen Jugendliche nicht körperlich schwer arbeiten. Aber auch 804
Arbeiten mit einseitiger Körperbelastung oder Arbeiten, die ein 871
Übermaß an Verantwortung mit sich bringen, sind für Jugendliche 938
verboten. Akkordarbeit ist in vielen Betrieben eine Realität. 1003

Jugendliche dürfen damit nicht beschäftigt werden. Dieses Verbot 1072
will verhindern, dass Jugendliche durch den Anreiz auf höheres 1131
Entgelt ihr Arbeitstempo übersteigern und dadurch ihre Kräfte 1202
überbeanspruchen. Deshalb sind auch die Arbeitszeiten begrenzt. 1268
Zur Arbeitszeit zählen auch die Zeiten des Berufsschulbesuchs. 1335

Zum Besuch der Berufsschule ist der Jugendliche freizustellen; 1403
denn der Ausbildungserfolg hängt nämlich nicht zuletzt davon ab, 1469
dass betriebliche und schulische Maßnahmen aufeinander abgestimmt 1536
sind. So ist selbstverständlich auch die Anrechnung der Schulzeit 1605
auf die Arbeitszeit geregelt. Diese Regelung sieht wie folgt aus: 1675

Ein Berufsschultag pro Woche mit mehr als fünf Stunden Unterricht 1745
wird mit acht Stunden Arbeitszeit angerechnet. Dabei muss jede 1811
Unterrichtsstunde mindestens 45 Minuten dauern. Blockunterricht 1878
von 25 Stunden an mindestens fünf Tagen in der Woche wird demnach 1947
mit 40 Stunden auf die Arbeitszeit des Jugendlichen angerechnet. 2012

Ein auf die Bedürfnisse des Jugendlichen angemessener jährlicher 2080
Erholungsurlaub ist zu gewähren. Der Urlaub ist nach dem Alter 2147
gestaffelt, um dem jungen Menschen den Übergang von der Schule in 2216
das Berufsleben zu erleichtern. Für die Berechnung des Urlaubs 2283
gilt das Alter des Auszubildenden am 1. Januar eines Jahres. 2348

Konflikte können durch ausreichende Information vermieden werden 2415
Eltern, Freunde und Lehrer werden gern Rat erteilen. Aber auch 2484
Gewerkschaften und Gewerbeaufsichtsämter geben zu Fragen des 2548
Jugendarbeitsschutzes Auskunft. Immer ist das Gespräch mit dem 2615
Arbeitgeber zu suchen. Überzogene Reaktionen sind zu vermeiden. 2681

Wenn es dir Spaß macht, dann zeichne ein Glückskleeblatt

1. Zeile	33 m							
2. Zeile	33 m							
3. Zeile	9 m	5 leer	5 m	5 leer	9 m			
4. Zeile	8 m	7 leer	3 m	7 leer	8 m			
5. Zeile	8 m	7 leer	3 m	7 leer	8 m			
6. Zeile	7 m	9 leer	1 m	9 leer	7 m			
7. Zeile	7 m	9 leer	1 m	9 leer	7 m			
8. Zeile	5 m	11 leer	1 m	11 leer	5 m			
9. Zeile	4 m	12 leer	1 m	12 leer	4 m			
10. Zeile	3 m	13 leer	1 m	13 leer	3 m			
11. Zeile	3 m	13 leer	1 m	13 leer	3 m			
12. Zeile	3 m	12 leer	3 m	12 leer	3 m			
13. Zeile	3 m	12 leer	3 m	12 leer	3 m			
14. Zeile	4 m	12 leer	1 m	12 leer	4 m			
15. Zeile	5 m	7 leer	2 m	5 leer	2 m	7 leer	5 m	
16. Zeile	15 m	1 leer	1 m	1 leer	15 m			
17. Zeile	5 m	7 leer	2 m	5 leer	2 m	7 leer	5 m	
18. Zeile	4 m	12 leer	1 m	12 leer	4 m			
19. Zeile	3 m	12 leer	3 m	12 leer	3 m			
20. Zeile	3 m	12 leer	3 m	12 leer	3 m			
21. Zeile	3 m	13 leer	1 m	13 leer	3 m			
22. Zeile	3 m	13 leer	1 m	13 leer	3 m			
23. Zeile	4 m	12 leer	1 m	12 leer	4 m			
24. Zeile	5 m	11 leer	1 m	11 leer	5 m			
25. Zeile	7 m	9 leer	1 m	9 leer	7 m			
26. Zeile	7 m	9 leer	1 m	9 leer	7 m			
27. Zeile	8 m	7 leer	3 m	7 leer	8 m			
28. Zeile	8 m	7 leer	3 m	7 leer	8 m			
29. Zeile	9 m	5 leer	5 m	5 leer	9 m			
30. Zeile	33 m							
31. Zeile	33 m							

```
mmmmmmmmmmmmmmmmmmmmmmmmmmmmmmmmm
mmmmmmmmmmmmmmmmmmmmmmmmmmmmmmmmm
mmmmmmmmm     mmmmm     mmmmmmmmm
mmmmmmmm       mmm       mmmmmmmm
mmmmmmmm       mmm       mmmmmmmm
mmmmmmm         m         mmmmmmm
mmmmmmm         m         mmmmmmm
mmmmm           m           mmmmm
mmmm            m           mmmmm
mmmm            m            mmmm
mmm             m             mmm
mmm            mmm            mmm
mmm            mmm            mmm
mmmm            m            mmmm
mmmmm       mm     mm       mmmmm
mmmmmmmmmmmmmmm m mmmmmmmmmmmmmmm
mmmmm       mm     mm       mmmmm
mmmm            m            mmmm
mmm            mmm            mmm
mmm            mmm            mmm
mmm             m             mmm
mmmm            m            mmmm
mmmm            m           mmmmm
mmmmm           m           mmmmm
mmmmmmm         m         mmmmmmm
mmmmmmm         m         mmmmmmm
mmmmmmmm       mmm       mmmmmmmm
mmmmmmmm       mmm       mmmmmmmm
mmmmmmmmm     mmmmm     mmmmmmmmm
mmmmmmmmmmmmmmmmmmmmmmmmmmmmmmmmm
mmmmmmmmmmmmmmmmmmmmmmmmmmmmmmmmm
```

Und was wird das wohl werden?

1. Zeile 41 m
2. Zeile 41 m
3. Zeile 6 m 2 leer, m auffüllen bis zum Rand
4. Zeile 6 m 2 leer, m auffüllen
5. Zeile 5 m 3 leer 3 m 5 leer, m auffüllen
6. Zeile 4 m 3 leer 3 m 7 leer, m auffüllen
7. Zeile 3 m 3 leer 3 m 9 leer, m auffüllen
8. Zeile 3 m 3 leer 3 m 4 leer 3 m 2 leer 1 m 12 leer, m auffüllen
9. Zeile 2 m 3 leer 4 m 9 leer 1 m 12 leer, m auffüllen
10. Zeile 2 m 4 leer 2 m 3 leer 1 x 0 7 leer 1 m 15 leer, m auffüllen
11. Zeile 3 m 15 leer 1 m 16 leer, m auffüllen
12. Zeile 4 m 14 leer 1 m 17 leer, m auffüllen
13. Zeile 2 m 13 leer 4 m 18 leer, m auffüllen
14. Zeile 8 m 7 leer 1 m 21 leer, m auffüllen
15. Zeile 6 m 9 leer 1 m 21 leer, m auffüllen
16. Zeile 3 m 12 leer 1 m 22 leer, m auffüllen
17. Zeile 16 m 19 leer 1 m 2 leer, m auffüllen
18. Zeile 13 m 22 leer 2 m 1 leer, m auffüllen
19. Zeile 12 m 23 leer 2 m 1 leer, m auffüllen
20. Zeile 12 m 23 leer 2 m 1 leer, m auffüllen
21. Zeile 12 m 23 leer 2 m 1 leer, m auffüllen
22. Zeile 12 m 23 leer 2 m 1 leer, m auffüllen
23. Zeile 10 m 6 leer 14 m 5 leer 2 m 1 leer, m auffüllen
24. Zeile 10 m 5 leer 2 m 4 leer 5 m 4 leer 1 m 5 leer, m auffüllen
25. Zeile 10 m 4 leer 3 m 4 leer 5 m 4 leer 1 m 5 leer, m auffüllen
26. Zeile 9 m 4 leer 4 m 3 leer 6 m 4 leer 2 m 5 leer, m auffüllen
27. Zeile 9 m 4 leer 4 m 3 leer 6 m 4 leer 3 m 4 leer, m auffüllen
28. Zeile 9 m 4 leer 4 m 3 leer 7 m 3 leer 4 m 3 leer, m auffüllen
29. Zeile 9 m 4 leer 3 m 4 leer 7 m 4 leer 3 m 3 leer, m auffüllen
30. Zeile 9 m 4 leer 3 m 4 leer 7 m 4 leer 3 m 3 leer, m auffüllen
31. Zeile 41 m
32. Zeile 41 m

▼ Grad 5 ▼ Grad 23

Stichwortverzeichnis

Alphabetische Übersicht über die Schreibregeln nach DIN 5008

Abkürzungen	GmbH BGB z. B. i. A. i. V. d. M.
Abschlussstrich	187.080,00 € er steht eine ganze Zeile ============ unter der letzten Zahl
Akzente (Aussprachezeichen)	Café Ampère Côte d'Azur Besançon
Anführungszeichen	Er sagte: "Modell 'Rita' ist lieferbar."
Apostroph (Auslassungszeichen)	Besser, stolz aus ird'nem Topf, als demütig vom gold'nen Tisch.
Aufstellungen	3 1/2 Dtzd. am 20..-01-12 3,50 EUR 10 3/4 " " 20..-01-15 10,75 " Bruchstriche, letzte Schriftzeichen in Zahlengruppen und Dezimalzeichen stehen untereinander.
Auslassungspunkte	Der Horcher an der Wand ...
Bankleitzahl (BLZ)	Postbank Köln: BLZ 370 100 50
Bindestrich	Köln-Deutz Tee-Import 6-Zylinder-Motor
»bis«, Zeichen für	08:30 - 09:30 Uhr, aber: von 08:30 bis 09:30 Uhr
Bruchstrich	1/4 oder 1/4 1/2 oder 1/2 1 2/25 12/25
Daten	3. August 2009 und 2009-08-03 und 03.08.2009 (Im numerischen Datum, Tag und Monat immer zweistellig, Jahreszahlen vierstellig.)
Dezimale Teilungen	75,00 EUR 0,75 € 30 ct 12,5 km 0,750 km 0,250 kg
»Dollar«, Zeichen für $	Die Rechnung über 1.250,50 $ ist fällig. $ 35 oder 35 $. International: USD 7,65
Durchmesser	O/-Zeichen (aus O und / = O/ bilden)
Ergänzungs(binde)strich	Ein- und Ausfahrt 1-, 2- und 3-zeilig
Fehlende Typen	schreibe statt ä, ö, ü, ß dann ae, oe, ue, ss
»geboren«, Zeichen für	Johann Wolfgang von Goethe, * 1749 + 1832
Gedankenstrich	Wir sind - auch nachts - dienstbereit.
»gegen«, Zeichen für	Es spielte 1. FC Nürnberg – HSV in der Klage Weber ./. Schneider
Geografische Angaben	Berlin (Brandenburger Tor) 52° 31' 4" nördl. Breite und 13° 22' 46" östl. Länge
»gestorben«, Zeichen für	Friedrich von Schiller, * 1759 + 1805
Gleichheitszeichen	36 : 6 = 6 (Doppelstrich verwenden)
Gliederungszeichen	1 Maschinenschreiben 1. a) A. I. 1.1 Hervorhebungen 2. b) B. II. 1.1.1 Einrücken . . . . 1.1.2 Sperren . . . . 1.1.3 Unterstreichen . . . . 1.1.4 ... 10. j) J. X.
»Grad«, Zeichen für	Der Hang hat eine Neigung von 15°. Die tiefste Temperatur dieser Nacht: -5 °C
Hausnummern	Bergstr. 6 b, Hauptstr. 4 - 6, Hochstraße 14/16 Hintere Gasse 4 // W 12, Bismarckstraße 8 u. 9
Jahreszahlen	2009 2008/09 2009-04-15 oder 15.04.2009
Klammern	Neustadt (Weinstraße) a) b) c)
»Minute«, Zeichen für	52° 31' 4" 17:05:03 Stunden 17:05 Uhr

▼ Grad 5	▼ Grad 23
Mittestrich	siehe unter: Binde-, Bis-, Ergänzungs(binde)-, Gedanken-, Strecken- und Worttrennungsstrich, Rechenzeichen (Minuszeichen) und Zeichen für "gegen"
Paragrafzeichen	§ 4, die §§ 4 bis 9, aber: alle Paragrafen
»Pfund Sterling«, Zeichen f.	£, notfalls aus L und - zusammensetzen! (L-)
Postfachnummern	Postfach 4 85, Postfach 45 89 und 2 34 76
Postbankkontonummern	Ffm 49 49-604, Hmb 504 56-207, Nbg 5041 23-853
Postleitzahl (PLZ)	10117 Berlin 75014 PARIS FRANKREICH
Promillezeichen	1 o/oo Delkredereprovision; 3 % Skonto
Prozentzeichen	2 % Skonto 5-prozentig 5%ig 33 1/3 %
Rechenzeichen	4 + 4; 8 - 3; 6 . 6 oder 6 x 6; 12 : 2 = 6
Römische Ziffern	I II IV V VI IX XXI MDCLIV (1654)
Satzzeichen	Satzzeichen folgen auf ein Wort, eine Zahl oder ein Schriftzeichen ohne Leerzeichen.
Schrägstrich	./. km/h 3 1/2 12/14 1986/87 E/K
»Sekunde«, Zeichen für	13° 22' 44" östlicher Länge
»Streckenstrich«, Zeichen f.	Der Eilzug fährt Stuttgart - Mannheim - Frankfurt.
Summen **Summenstrich** ▸ **Summenabschlussstrich** ▸	12,00 € Der Summenstrich wird mit dem 12,00 € <u> 0,85 €</u> Grundstrich ohne Zeilenschal- 0,85 € 12,85 € tung oder mit dem Mittestrich ------- ======= nach einer Schaltung unter 12,85 € der letzten Zahl geschrieben. Wird ein Abschlussstrich benötigt, so steht er als Doppelstrich eine ganze Zeile unter dem Ergebnis.
»Stern«, Zeichen für	* 1925 (Der Stern kann auch als Fußnotenhinweis* verwendet werden).
Telefonnummern	Tel.: 14991 Telefon: 07251 14991-0
Telefax (Fax)-Nr.	Fax: 123456 Telefax: 0228 123456
Temperaturangabe	0 K = -273,15 °C (K = Kelvin) 0 °C = 273,15 K
Uhrzeiten	8 Uhr 08:30 Uhr 08:30:05 Uhr 00:05 Uhr
»und«, Zeichen für	Müller & Schneider (nur in Firmennamen!)
Unterführungszeichen	Mannheim-Neckarau, Karlsruher Str. 1 a " " " " 45
Verhältniszeichen	Maßstab 1 : 100 000 Verhältnis 2 : 1
Währungssymbole	stehen hinter oder 52,00 € 25 € vor dem Betrag € 52,00 CHF 10
Winkelangaben	der Winkel beträgt 90°
Wortergänzung d. Mittestrich	ein- bis zweimal, bergauf und -ab
Worttrennungsstrich	ba- cken, las- ten, Rau- heit, Waa- ge, Be- cher
Wortzusammensetzung	Haftpflicht-Versicherungsgesellschaft Druck-Erzeugnis Drucker-Zeugnis
Zahlen	5.000 € 5 000 km Bankleitzahl: 700 100 80
Zeichen für ...	siehe unter den jeweiligen Bezeichnungen, z. B. "Zeichen für Grad" unter "Grad" usf.
»Zoll«, Zeichen für	Schlauchanschluss 1/2"